| 잔느 귀용의 **아가서 주석** |

잔느 귀용의 아가서 주석

아가서

Song of Songs

Song of Songs

| 목차

6_ 출판자의 서문

9_ 출판사가 드리는 말

10_ 저자 서문

Chapter 1　1장(1-17절) ———————————— 17

Chapter 2　2장(1-17절) ———————————— 45

Chapter 3　3장(1-11절) ———————————— 71

Chapter 4　4장(1-16절) ———————————— 93

Chapter 5　5장(1-17절) ———————————— 113

Chapter 6　6장(1-12절) ———————————— 145

Chapter 7　7장(1-13절) ———————————— 165

Chapter 8　8장(1-14절) ———————————— 183

| 출판자의 서문

　파리 북동쪽 모(Meaux)라는 작은 도시의 교회 근처에는 건물이 하나 있는데, 그 건물 큰 방에서–아무도 그렇게 부르지 않지만–재판이 진행 중이다. 피고는 잔느 귀용이다. 베르사유 궁의 권력자들은 유죄 판결을 원한다는 뜻을 강력하게 내비쳤다. 대주교 보수에(Bossuet)가 이 "심문"을 책임지고 있는데, 그는 프랑스에서, 그리고 아마도 전 유럽에서 가장 영향력 있는 신부인 것 같다. 그는 "마틴 루터에 대한 카톨릭 교회의 해답"이라 불리고 있었다.

　보수에는 귀용에게 그녀의 작품들(특히 그녀의 영적인 견해들을 가장 잘 보여 주는 것들)을 재판을 주관하는 3인의 공의회에 제출할 것을 요구한다.

　이러한 문제들에 관한 신학자들의 무지와 불공정성을 인식하지 못한 그녀는 치명적인 실수를 범한다. 그녀의 아가서 주석을 제출한 것이다. 성경에서 가장 당혹스러운 이 책은, 17세기에 어느 곳에서도 찾아볼 수 없는 가장 친밀하고 적나라한 사랑의 언어들로 가득하다! 보수에는 신부였다. 그가 신부로서 맹세한 서약들을 하나도 어기지 않았다고 가정해 보자. 이것은 스스로를 의롭게 여기는 이 신부가 성적인 관계를 경험해 본 적이 없다는 뜻이다. 그는 또한 성에 대한 사고가 모호하게 죄와 연관되는 시대와 교회 안에서 살고 있다. 그리고 인간으로서 가장 순수한 지성인에 가깝다. (우리가 그의 엄청난 허영들을 고려하지 않는다면, 그는 100퍼센트의 지성인에 가까운 사람이었을 것이다.) 하지만 귀용은 역사상 가장 탁월한 감정 표현가들 중의 한 사람이었다. 예를 들어, 그녀는 남편과 나눈 성적 기쁨을 얼굴색도 변하지 않고 보고했다. 뿐만 아니라 주님과 다른 누구와도 견줄 수 없는 깊은 내적 관계를 누리던 여인이다. 이러한 그녀가 아가서에 대한 주석을 썼다.

이 여인의 운명이 결정되었다. 보수에는 이 주석을 처음으로 읽은 사람이었다. 그의 머리카락들이 곤두섰다. 그에게 이 주석은 인간들이 보면 안 되는 것이었고, 이것을 쓴 사람은 완전히 미치광이었다. 그리하여 귀용은 빈센느에 있는 감옥으로 보내졌다가, 마침내는 악명 높은 바스티유 감옥에 수감되었다.

이러한 배경에도 불구하고, 학자들과 역사가 아가서 주석에 관대했다는 것은 참으로 놀라운 일이다. 당시 아가서에 대한 이해는 그녀의 해석 및 관점과는 달랐다. 그녀는 아가서를 개인적인 것으로, 즉 믿는 자와 주님의 사랑 이야기로 만들었다. 이전의 모든 주석들은 신부를 교회나 이스라엘로 바라보고 있었다. 오늘날 이 책을 연구하는 많은 사람들은 귀용의 기본적인 주장이 옳을 뿐만 아니라, 그녀의 해석이 훌륭하다는 결론을 내린다. 아가서에 대한 그녀의 통찰력은 역사적으로 큰 영향력을 미쳤다.

17세기에 가장 큰 논란을 일으켰던 (그리고 가장 훌륭한) 책들 중의 하나가 현대 영어로는 처음 출간되었다. 이 작품은 믿는 자들이 그리스도와 동행하는 것을 돕기 위해 쓰여졌으며, 이 열정적인 프랑스 여인의 비길 데 없는 마음에서 나왔다는 사실만으로도 충분히 추천할 만하다.

편집자들

| 출판자가 드리는 말

    이 책이 쉽게 읽히도록 현대 영어로 옮기는 일에 여러 사람들이 협력했다. 17세기에 잔느 귀용이 소유할 수 있었던 유일한 성경책은 고대의 카톨릭 역본이었기 때문에 이 작업은 쉬운 일이 아니었다. 우리는 가능한 그녀가 사용한 역본을 사용하려 했지만, 경우에 따라 표준 번역(a standard version 우리말 성경은 개역개정 성경)을 사용하기도 했다.

    우리가 잔느 귀용의 아가서 주석에 나오는 언어들을 너무 많이 바꾸었다면, 이전의 고대 영역본을 사랑하시는 분들께 사과 드린다. 우리는 귀용이 말하고자 하는 바를 있는 그대로, 하지만 쉽게 읽히는 언어로 전달하기 위해 최선을 다했다. 우리는 이 현대화된 번역이 더 많은 독자들에게 큰 도움이 될 것이라고 확신한다.

    (매장 끝부분에는 각주를 달아 놓았다.)

| 저자 서문

　이 땅에서는 하나님과의 깊은 연합이 불가능하다고 말하는 사람들이 있다. 하지만 나는 육신을 입고 사는 동안, 당신의 영이 하나님의 영을 깊이 만지고 또한 그분과 연합될 수 있다고 확신한다. 물론, 이 연합을 경험할 수는 있지만, 육신의 눈으로는 볼 수 없다. 하나님의 임재 안으로 깊이 들어갈 때에, 당신은 지금 믿음으로 만지는 모든 것을 보게 될 것이다.
　그리스도를 영접하는 순간, 당신은 그리스도인의 삶을 살고 즐기는 데 필요한 모든 것을 받는다. 당신 안에 있는 그리스도가 하나님의 충만함이다. 내가 이 주석에서 제안하는 것은 당신에게 필요한 경험이 아니다. 당신의 영적인 삶은 당신을 더 온전히 소유하고자 하시는 그리스도를 향한 여정이라는 것을 설명할 것이다.
　당신은 그리스도를 대면하여 보지 않아도 그분을 영접하고 즐거

위할 수 있다. 깊은 믿음 가운데 육신의 눈이 만족되지 않아도, 즐거움이 넘치는 것을 경험할 것이다. 그분 앞에 설 때에, 당신은 그분의 것이 되었다는 행복을 느끼면서 그분을 분명하게 보게 될 것이다. 하나님을 눈으로 볼 수 없어도 그분을 진정으로 즐거워하고 그분의 말씀에 당신의 영이 감동될 수 있다. 이러한 경험은 아무리 환상의 날개를 펴도 얻을 수 없는 것이다. 하나님과의 깊고도 지속적인 연합으로 얻는 풍요로움은 그것을 경험한 모든 사람들을 통해 전해질 것이다.[1)]

그리스도를 향한 첫 복종은 당신이 그분께 온전히 순복하고 그분을 온전히 알기 훨씬 전에 일어난다. 당신이 그분을 영접할 때, 그분과 연합한다는 것에는 의심의 여지가 없다. 하지만 당신을 온전히 합당한 자로 만들기 위해서 주님이 당신 안에서 하셔야 할 많은 일들이 남아 있다. 당신이 그분께 합당한 자가 되는 이 과정은 오랜 시간이 걸리며, 하나님이 당신에게 자신을 온전히 나타내시기 전에 일어나야 한다.

이 모든 것은 드러나는 것들보다 더 실제적이다. 사실, 당신의 목표는 하나님이 당신을 온전히 소유하실 수 있게 내어 드리는 것이어야 한다. 하나님과의 진정한 연합은 내적이고 영적이기 때문에 영원히 지속된다.[2)] 하나님과의 완전한 연합이 당신의 최종 목적지이다. 당신의 영이 그분 안으로 부어질 수 있다. 그분이 당신의 중심이시다. 그분 안에서 당신의 영이 변화될 수 있다. 하나님은 당신을 그분의 형상대로 창조하셨다. 하나님은 당신을 그분과 재연합할 수 있도록 만드셨고, 그와 같은 재연합의 욕구를 당신 안에 불어넣어 주신다.

인간적인 차원에서, 하나님은 한 남자에게 결혼을 통하여 아내와 온전히 연합하고자 하는 욕구를 주신다. 하지만 그것은 두 사람이 결코 온전히 하나되지 못하기 때문에 완전한 연합이 아니다. 이것은 마치 매우 다른 두 금속을 함께 녹이려 하는 것과 같다. 그것들은 서로 다른 특성들 때문에 온전히 하나가 될 수 없다. 두 금속이 비슷할수록, 서로 더 잘 섞일 것이다. 또한 두 잔의 물을 합치면, 즉시 섞여 본래의 상태로 돌이킬 수 없다.

당신의 영은 하나님과 온전히 연합하여 변화되도록 만들어졌다. 당신은 진정으로 그분의 신부가 되도록 지음 받았다. 당신의 영이 이러한 차원에서 하나님과 연합하지 않더라도, 그분과의 초기 연합이 있을 수는 있다. 하지만 이처럼 깊은 연합이 내가 이 책에서 말하는 하나님과의 연합이다. 당신의 영은 그렇게 깊이 하나님과 연합될 수 있다. 왜냐하면 당신의 영은 그것을 위해 지음 받았기 때문이다. 바울은 이것을 "그와 같은 형상으로 변화되는 것"(고후 3:18)이라고 불렀고, 예수님은 "하나됨"(요 17:11,21-22)이라고 부르셨다.

하나님과의 깊은 연합은 당신이 오직 그분 안에서 살아가고자 본성을 그분께 드릴 때에 일어난다. 그럴 때에 당신은 자신을 지키려는 일을 멈추고, 하나님 안으로 사랑스럽게 그리고 온전히 젖어들어 깊은 교제로 들어가게 될 것이다. 하지만 이것은 당신이 인성을 잃고 하나님이 되는 것을 의미하지는 않는다.

물 한 방울을 포도주에 떨어뜨리면, 물은 그 자체의 모양과 특성을 잃게 된다. 물은 분명히 포도주로 변한다. 하지만 물은 항상 어떤 식으로든 독특한 자신의 모습으로 남아 있다. 이와 같이 당신은 절대로 하나님이 되지 않으며, 또한 당신을 하나님으로부터 분리시킬 선택권이 있다.

당신이 사랑하는 그분께 요청해야 하는 것은 그분과의 깊고도 지속적인 연합, 곧 영적인 결혼이다. 당신의 열정으로 그분께 가장 깊은 열망을 선포하라. "내게 입맞추어 주소서." 아가서의 신부는 마치 다른 어떤 사람에게 요청하듯이, 3인칭을 사용하여 그분께 그것을 요청한다. 즉 그녀는 누구에게 말하는지 상세히 밝히지 않고 그녀의 열정을 토로한다. 그녀는 오직 깊은 연합만이 자신을 만족시킬 수 있으며, 그것이 그녀가 요구하는 것이라고 말하고 있다.

서문
각주

1) 우리는 다가올 세상에서 지금 누리는 영적인 삶과는 전혀 다른 완전함을 즐기게 될 것이다. 하지만 그렇다고 우리의 경험에서 영적 요소들을 제거하여 불완전하게 한다면, 그것은 매우 슬픈 일일 것이다. 지금 이 세상에서 영으로 그리스도와 연합하는 것은 하나님의 사랑과 전능함을 가장 잘 맛볼 수 있는 위대한 성취이다. 십자가의 성 요한이 말한 바와 같이, 우리가 거듭나고 구원받은 것이 창조함을 받은 일보다 더 위대한 일이다.

"이신칭의"(Justifications) by 잔느 귀용

2) 하나님이 모든 인간들에게 자비로운 사랑을 한없이 베풀지 않으신 순간은 단 한 번도 없다. 자신의 속성을 드러내시기 위해 하나님은 그분의 은혜를 받아들이는 모든 존재에게 반드시 그리고 끊임없이 자신을 나타내셔야 한다. 이것은 마치 이슬이 하늘 아래에 있는 모든 것 위에 떨어지는 것과 같다. 하지만 인간에게는 자유의지가 주어졌다. 따라서 우리는 스스로를 숨겨 하늘의 이슬을 피할

수 있다. 우리는 하나님께 등을 돌림으로 방해물을 계속 쌓을 수 있다. 그렇게 되면 그분의 자비가 우리에게 미치지 못할 것이다. 우리가 쌓아 놓은 방해물의 일부를 제거하면, 모든 심령에 사랑의 단비를 내려 주시는 주님께 돌아서라고 권유받을 것이다. 마음을 바꿔 살짝 열자마자, 은혜의 이슬이 잔잔히 떨어진다. 그리고 그 은혜의 풍성함에 따라 마음속에서 사랑이 자라나는 정도가 결정된다. 하나님께 마음을 크게 열수록, 은혜의 이슬은 그만큼 더 많이 떨어질 것이다. 하지만 사랑 자체이신 그분이 친히 그분의 길을 준비하신다는 것을 기억해야 한다. 어느 누구도 그분을 대신할 수 없다. 그분이 우리의 마음을 준비시키시고, 풍성함에서 풍성함으로 인도하신다. 그분은 확장시키면서 채워 주신다. 그분은 빈 마음을 싫어하시기 때문이다. 그분이 마음을 공허하게 하고 헐벗은 상태로 남겨두시는 것 같을 때가 있지만, 그러한 황폐함은 단지 겉으로만 그렇게 보일 뿐이다. 하나님이 그분께 속하지 않은 모든 것을 몰아내신다는 것은 사실이다. 하나님은 사랑이시기 때문에, 그분은 영혼 안에 오직 자신만 허용하실 수 있다. 다른 것들은 모두 그분께 역겨운 것들이다. 따라서 하나님은 자신이 거할 충분한 장소를 마련하시려고 자기를 따라오는 자들을 정결케 하고, 확장시키고, 성장시키기 원하신다.

하지만 거룩한 사랑이여! 당신의 손에 정결케 되고, 확장되고, 성장되기 위해 온전히 복종하고자 하는 마음들이 어디에 있습니까? 우리의 부정함 때문에 당신의 수술 과정이 가혹하게 보일 뿐입니다.

하지만 당신이 일하시도록 마지못해 허락하는 사람들이 있다면, 우리는 그것을 매우 심각한 문제로 여겨야 하겠지요? 그러한 마음을 가진 자들에게 당신은 얼마나 제한되어 있는지요! 그러한 마음들은 무한히 정결하신 하나님께 얼마나 제한적이고 더러운 거처인지요! 우리는 우리의 자유를 사용하여 당신을 거부하고 있습니다. 얼마나 슬픈 일인지요! 우리의 자유를 가장 잘 사용하는 길은 그러한 자유를 주님께 온전히 돌려 드리는 것이겠지요?

이신칭의 by 잔느 귀용

Song of Songs

Chapter 1

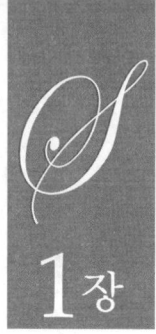

1:1 그분의 입으로 나에게 입맞추게 하소서(우리말 성경은 1:2)

이 입맞춤의 의미는 무엇인가? 이것은 완전한 영적 연합으로, 하나님의 속성을 실제적으로 그리고 영원히 지속적으로 경험하는 것이다. 입맞춤은 당신의 영과 하나님의 영이 연합하는 것을 의미한다.

어떤 사람이 주님을 영접할 때 하나님과 연합하지만, 아직 그분을 깊이 경험하지는 못한다. 당신이 알게 될 깊고도 영구적인 그리스도와의 연합이 있다. 하나님의 너비와 길이와 깊이를 알려면 영원이라는 시간이 소요될 것이다. 그래서 그리스도의 신부인 이 여인이 그분을 알고자 외치는 것이다.

하나님과의 연합에는 두 종류가 있다. 하나는 단지 몇 분 혹은 몇 시간 동안만 그분의 임재를 느끼는 것이다. 하지만 깊고도 영구적인 연합은 어떤 상황 속에서도 지속된다. 나는 이것에 대해 더 설명하려 한다. 처음 주님을 경험할 때에, 당신은 그분을 잘 알지 못한다. 당신 안에는 그분께 이질적인 것들이 많고, 당신은 당신을 향한 주님의 목적을 이해하지 못한다. 이 순간은 약혼 기간에 비유될 수 있을 것이다. 하나님은 그분을 향한 당신의 사랑을 일으키시고, 당신은 그분을 향해 애정을 표현하고, 또 그분으로부터 애정의 표시들을 받기도 한다. 하지만 당신은 여전히 사랑하는 그분을 온전히 알지도 즐거워하지도 못한다.

그런데 영적인 결혼에 비유될 수 있는 더 깊은 하나님과의 연합이 있다. 당신의 영이 그분과 온전히 연합하여 당신은 철저하게 그분의 것이 된다. 하나님이 당신의 영과 연합하셔서, 당신은 무한하신 하나님을 탐구할 수 있게 된다.

이러한 완전한 연합을 향한 여정이 아가서에 나와 있다. 완전한 연합이 이루어지면, 당신의 영은 완전히 하나님의 소유가 된다. 여기에는 황폐함이나 열매 없는 상태 같은 것이 존재하지 않는다. "그 입의 입맞춤"이라는 것은 하나님의 말씀이 전달되는 지극히 중대한 혹은 생명과 직결된 의사소통 방법이다.

하나님의 "말씀"(the Word)을 생각해 보자. 그분이 우리의 영을 만지실 때에, 온전한 즐거움과 영적 연합의 극치에 이르게 된다. 하나님은 그분 자신과, 그분의 말씀을 당신의 영에 전달하신다.

1:1-2 네 사랑이 포도주보다 낫고, 네 기름은 가장 훌륭한 향수보다 더 향기롭구나

하나님은 매우 달콤하고 향기롭게 우리를 양육하시는데, 특히 우리가 영적인 세계에 막 들어온 초창기에는 더욱 그러하다. 포도주를 마시는 가장 건강한 사람이라도 그분의 힘과 그분의 양식을 받는 사람들만큼 건장하지는 못하다. 하나님의 품은 달콤하고 향기로운 냄새가 진동하기 때문에, 당신은 그분께 이끌림 받아 감사와 기쁨으로 충만해질 것이다. 그분의 품에서 쉬는 것은 마치 진귀한 기름으로도 내면의 모든 상처들을 치유하는 것 같다. 이것이 사실이라면, 그분과 입맞출 때에는 어떤 기쁨을 경험하게 될까?

아가서는 다가올 것들에 대한 선포로 시작된다. 이 노래는 신랑이 무엇으로 보상 받을지(그의 사랑스러운 신부) 그리고 그 보상이 얼마나 완벽한 것인지에 대해 말한다. 약혼 기간에 행복한 결혼식에 대해 생각하는 것은 당연한 일이다. 이 땅에서의 결혼식에 준비 과정이 있는 것과 같이, 영적 결혼식도 마찬가지이다. 이 여정에는 많은 시련들이 있을 것이며, 그분의 입맞춤을 받기까지는 많은 일들을 인내해야 한다. 따라서 아가서는 최종적인 연합을 향한 관점을 제시하면서 시작한다. 그래서 신부가 처음부터 그분의 입맞춤을 요구하는 것이다.

1:3 네 이름이 쏟은 향기름 같으므로 처녀들이 너를 사랑하는구나

경험할 수 있는 은혜—여기에서는 신랑의 이름으로 표현된다—가 강력하게 영혼 안으로 침투해 들어온다. 하나님은 그분의 사랑으로 채우기 원하는 자들에게 그분의 은혜를 부으신다. 그분의 이름은 '쏟아 부어진 치유하는 향기름'이다. 신랑의 이름이 너무나 사랑스럽기 때문에, 당신은 그분의 사랑과 달콤함에 완전히 사로잡힐 것이다. 사랑을 강요할 필요는 없다. 당신의 영이 사랑으로 충만해져서, 그 사랑에 취하게 될 것이며, 당신은 그분의 순전하고 아름다운 사랑의 매력에 압도될 것이다.

하나님은 사람들이 이런 식으로 그분을 사랑하게 만드신다. 처음에 그분께 이끌릴 때에는 사랑이 주는 기쁨 때문에 그분을 사랑하게 된다.

아버지 하나님은 아들에게 이러한 기쁨(즐거움)의 기름을 부으셨고, 그와 함께 그분의 영광을 상속받게 될 다른 사람들 위로 그 아들을 높이셨다.

1:4 나를 인도해 주오 우리가 당신을 따라 달려가 당신의 향내를 맡을 수 있도록

젊은 처녀가 영혼 깊은 곳에서부터 신랑에게 인도 받기를 구하고 있다. 그녀는 단지 육체적인 의미에서 그를 경험하는 것으로 만족하지 않는다. 신부는 지금보다 더 깊고 더 오래 지속되는 기쁨이 신랑에게 있다는 것을 알고 있다. 그래서 다음과 같이 말하는 것이다. "당신에게 온전히 달려갈 수 있게 나를 내 영혼의 가장 깊은 부분으로 인도해 주세요. 나는 내 영혼 깊은 곳에서 당신을 향하여 돌아서서 당신을 따라 달려갈 것입니다. 당신은 이미 나를 당신께 이끌고 있습니다. 당신의 향기로 나를 인도하소서. 나는 당신이 나에게 부으신 향기름에 이미 매료되어 있습니다. 그것이 죄가 내 안에 일으킨 모든 죄악들을 치유하고 있습니다. 이렇게 아름다운 기름은 또한 내 안의 타락한 부분을 정화시켰습니다. 내가 당신의 향기를 쫓아 달려가서 내 기쁨의 중심인 당신께 이르게 하소서."

이 뛰어난 향기름 때문에 당신은 내적인 기도를 갈망하게 된다. 당신은 주님의 향기를 쫓아 달려가서, 그분이 얼마나 선한 분인지 기쁨으로 맛볼 수 있게 된다.

*1:4 왕이 나를 그의 방으로 이끌어 들이셨네 우리는
당신으로 인하여 기뻐하고 즐거워할 것이오
우리는 당신의 사랑을 포도주보다 더 기억할 것이오
의인들이 당신을 사랑하오*

당신이 그분께 달려가기 위해 다른 모든 사람들을 지나칠 수 있다는 열망을 보이자마자, 그분은 당신을 그분의 방으로 이끌어 들이실 것이다. 그분은 이미 어느 정도 정결한 당신의 사랑에 보답하신다. 여기에 당신이 이전에 알던 것보다 더 큰 은혜가 있다. 하지만 이것도 앞으로 알게 될 최종적인 연합은 아니다.

하나님께 이르기 위해 그분의 은사들까지 기꺼이 포기할 정도의 신실함을 보인다면, 하나님은 당신이 제쳐놓은 바로 그 은사들을 당신 위에 부으실 것이다. 하지만 하나님 자신이 아닌 그분의 은사들과 은혜만을 추구하는 자들에게는 재빨리 자신을 숨기신다.

시편 기자는 모든 사람들에게 "여호와와 그의 능력을 구하라. 그분의 얼굴을 더욱 구하라"(시 105:4)고 했다. 아마도 그는 이러한 사실을 알고 있었던 것 같다. 그는 끊임없이 하나님을 구하라고 강하게 말하고 있다. 하나님의 은사들은 단지 그분의 얼굴에서 나오는 광채에 지나지 않는다. 따라서 그분의 보좌 앞으로 나아가 그분을 구하라. 그분의 얼굴을 발견하는 은혜를 얻을 때까지 그분의 얼굴을 구하라.

이제, 그의 신부는 자기가 신랑 안에 있다는 것을 알고 말할 수

없는 기쁨을 누린다. 그녀는 다른 모든 것들보다도 신랑을 사랑한다. 그녀의 기쁨과 만족은 여기에서 최고조에 달했다. 이 여인은 이미 이 세상의 기쁨이라는 포도주보다 하나님의 우유에서 나오는 달콤함을 선택했다. 그녀에게 하나님은 그분이 주실 모든 영적인 축복들보다 더욱 위대하신 분이다.

그녀는 또 한마디를 덧붙인다. "의인들이 당신을 사랑합니다." 참된 의로움은 이 세상의 모든 기쁨과 하늘의 모든 즐거움을 버리고, 오직 하나님 안에 빠지는 즐거움으로 당신을 인도할 것이다. 여기에 정결하고 온전한 사랑이 있다. 의로운 사람 외에는 아무도 하나님께 합당한 사랑으로 그분을 사랑할 수 없다.

*1:5 예루살렘 딸들아, 내가 비록 검으나 아름다우니
게달의 장막 같을지라도 솔로몬의 휘장과도 같구나*

하나님의 은혜를 가장 크게 경험하게 되면, 자신이 어떤 사람인지에 대한 깊은 지식이 생겨났다. 하나님은 먼저 그분과 떨어져 있는 당신의 비참한 상태를 분명하게 보여 주신 후, 그런 은혜를 주신다. 당신은 왕궁에서 나오면서 자신이 검다는 것을 깨닫게 된다. 무엇이 당신을 검게 만드는가? 갑자기 당신은 하나님의 빛으로 인해 자신의 모든 흠들을 보게 된다. 지금까지는 당신이 검다는 것을 인식하지 못했다. 하지만 이제 자신에게서 아직 정결케 되지 않은 모습을 보게 된다.

당신은 자신의 흠과 아름다움을 동시에 보게 된다. 그래서 "나는 검지만 아름답다"고 말하는 것이다. 당신이 내면의 상태를 경험하게 될 때, 신랑은 매우 기뻐한다. 당신은 쉼의 장소에서 그분께 방문해 달라고 간청한다. 당신은 고범죄가 없기 때문에, 그분의 눈에 아름답게 보인다. 신랑은 자신의 아름다움으로 당신을 아름답게 하신다. 당신의 눈에 검게 보일수록, 그분의 눈에는 당신이 더욱 아름답게 보인다.

솔로몬의 휘장은 육신이 되신 하나님의 말씀을 가리고 있는 당신의 인성을 나타낸다. 하나님은 당신으로 하여금 그분의 아름다움에 참여하게 하셨다. 그분은 당신의 인성 안에 그분의 신성을 숨기셨다. 외부의 검은 모습이 내면에서 행하시는 하나님의 일을 숨기고 있다.

당신은 사방에서 가해지는 시련과 핍박들로 인해 검어졌다. 하지

만 솔로몬의 휘장처럼 아름답다. 왜냐하면 십자가가 당신을 사랑하는 분과 같아지게 만들기 때문이다. 당신은 겉으로는 악해 보여도, 내적 동기는 순수하다.

> 1:6 내가 거무스름할지라도 흘겨보지 마라 햇빛에
> 그을려 그렇게 되었다 내 어미의 아들들이 나에게
> 노하여 포도원 지기로 삼았음이라 나의 포도원을
> 내가 지키지 못하였구나

하나님의 임재 의식은 매우 수월하게 선한 일을 하게 만들지만, 이제 당신은 그분의 임재 의식이 가려지는 믿음의 영역으로 들어서고 있다.[1] 당신은 더 이상 "선한 일"을 쉽게 행할 수 없을 것이다. 왜냐하면 하나님이 당신에게 다른 어떤 것들을 요구하시기 때문이다. 다른 사람들은 당신이 옛 자아로 돌아갔다고 생각할지도 모른다.

하나님의 눈으로 보지 못하는 자들에게는 정말로 그렇게 보일 것이다. 비록 검게 보이지만, 당신은 겉모습 너머 하나님이 당신 안에서 행하고 계시는 일을 보라고 동료들에게 간청한다. 겉으로 흠들이 드러나는 것은 당신에게 사랑과 용기가 없어서가 아니라, 하나님의 얼굴의 타오르는 빛이 당신을 향하고 있기 때문이다. 이것이 당신의 색깔을 변화시켰다. 그분의 사랑은 당신을 향해 타오르고 있다. 따라서 그분은 원하는 것만 주시려고 당신의 자연적인 모습을 가져가셨다. 여기에 피부를 마르고 타게 하는 적극적이고 공격적인 사랑이 있다. 사랑은 당신을 떠나지 않았다. 오히려 더욱 열렬해졌다.[2]

이러한 검은 상태는 실패가 아니라 진보이다. 하지만 그런 검은 상태를 흉내내지는 마라. 오직 그분만이 그러한 색깔을 만들어 내실

수 있다. 왜냐하면 하나님은 자기의 영광과 신부의 지고한 선을 위하여 눈부신 피부를 태우시기 때문이다.

외적인 아름다움은 다른 사람들이 당신의 참모습을 보지 못하게 할 수 있다. 당신은 다른 사람들에게 찬사를 받을 수 있지만, 그들이 당신의 겉모습과 행동에 너무 집착해서 신랑의 영광이 당신 안에서 충분히 나타나지 않을 수 있다.

사람들은 당신에게 활동적인 삶을 재개하라고 촉구한다. 그들은 내면의 고집스러운 열정들을 없애기보다 당신의 외적인 상태에 관심을 쏟으라고 유혹한다. "어미의 아들들"이 한동안 당신을 괴롭히는데, 당신은 더 이상 그들에게 저항할 수 없게 된다. 당신은 외적인 것들에 관심을 집중하기 시작하고, 하나님이 거하시는 당신의 내면, "포도원"을 지키지 못한다. 하지만 이 포도원이야말로 당신이 지키고 가꾸어야 할 유일한 것임을 기억하라. 당신은 서서히 하나님의 음성에 귀 기울이지 않게 된다. 심지어 다른 사람들의 내적 삶을 보호해 주는 일에도 관심을 덜 기울이게 된다. 이 처녀처럼, 당신도 주님을 찾기 위해 돌아선 것 때문에 사람들이 화를 내는 모습을 보게 될 것이다. 그들은 당신이 내적인 삶 때문에 바깥 일들을 소홀히 하고 있다고 생각할지도 모른다. 하지만 내면에서 주님을 찾는 일을 잊지 마라. 당신은 외적인 흠들을 교정하는 일에 집착할 필요가 없다. 신랑은 당신의 흠들을 잘 알고 있으며, 그분의 지혜로운 방법으로 고쳐 주실 것이다.

1:7 내 마음으로 사랑하는 자야 네가 양 치는 곳과
정오에 쉬게 하는 곳을 내게 말하라
내가 어찌 네 친구들의 양 떼를 쫓아다니며 방황하기
시작하겠는가?

당신은 조만간 내적 쉼터를 떠나 하찮은 외적인 일들을 할 수밖에 없는 상황에 몰릴 것이다. 내적인 쉼터 안에 거하려는 욕구가 방해받을수록, 당신의 마음은 사랑하는 분을 향해 더욱 불타오르게 된다. 당신은 그분께 양 떼들을 먹이는 곳을 보여 달라고 간청한다. 그분이 돌보시는 자들에게 주시는 양식을 먹고 싶어 한다.

이 땅에 계셨을 때에, 예수님의 양식과 음료는 아버지의 뜻을 행하시는 것이었다(요 4:34). 이제 그분의 양식은 친구들이 아버지의 뜻을 행하는 것을 보시는 것이다. 그분의 신부가 그분에게 양식을 공급해 드린다. 당신은 그분 안에서 가장 사랑스럽고 영원한 완벽함을 발견하고, 그분을 더욱 사랑하게 된다. 목자가 자신을 계시하실수록, 양 떼들은 그를 더욱 사랑하게 된다.

그분은 정오에 어디에서 쉬고 계실까? 당신이 이 질문을 하는 것은 영원한 사랑의 본질을 그 사랑의 주체에게 배우기 위함이다. 당신은 그릇된 영성이라는 속임수에 빠져 인간의 길에서 헤매거나 자기 사랑으로 잘못 인도 받기를 원하지 않는다.

이러한 실수는 하나님의 양 떼들 사이에서 매우 흔한 일이다. 때로 사람들은 이 세상의 것들에 대해 죽지 않은 지도자들, 그리고 자기 자신에 대해 죽고 그리스도가 그 안에서 사실 수 있게 하라고 가르치지 않는 지도자들의 인도를 받는다. 인간의 길을 따라가면, 진리의 길에서 벗어나게 된다. 영적 가르침에서 다른 가르침으로 옮겨 다니다가 어떤 확고한 반석에 이르지 못한 채, 당신의 신념을 계속해서 바꿀지도 모른다.

이렇게 떠도는 것은 예수 그리스도의 달콤하고 분명한 음성을 듣지 못해서이다. 오직 그분만이 주실 수 있는 것을 받기 위해 그분을 바라보라. 오직 그분만이 양 떼들이 곁길로 가는 것을 막으실 수 있다.

인간적인 계획이 아무리 경건하게 보여도 그것 때문에 멈추지 마라. 하나님만이 그분의 뜻을 행하도록 당신을 가르치실 수 있다. 왜냐하면 그분만이 하나님이시기 때문이다(시 143:10).[3]

하나님의 말씀이신 예수님께 당신을 아버지께 데려가 달라고 요청하라. 그분, 즉 말씀이 당신을 아버지께 인도하는 길이다. 신랑이 그의 모든 영광 중에서 쉬고 계신 곳이 바로 아버지의 품이다. 예수님과 함께 하나님 안에 푹 빠지기를 갈망하라. 당신이 영원한 쉼을 얻기를 원하는 곳이 바로 그곳이다. 당신은 그분의 품안에서 온전히 안전함을 누리게 될 것이다. 거기에서는 죄악이 당신을 속일 수 없다. 왜냐하면 그분이 길을 잃지 않도록 당신을 보호해 주실 것이기 때문이다.

1:8 여인 중에 어여쁜 자야 네가 알지 못하겠거든,
양 떼의 발자취를 따라 네 길로 나아가 목자들의
장막 곁에서 너의 염소 새끼를 먹일지니라

신랑이 신부에게 응답하신다. 그리고 은혜를 받을 수 있게 그녀를 준비시키신다. 그분은 매우 중요한 지시를 내리신다. "네가 알지 못하겠거든……나아가라." 자신의 참모습을 알지 못하면, 자신이 사랑하는 분도 알 수 없다. 당신은 하나님을 알기 위해 온 힘을 다하고 있을지 모른다. 하지만 또한 그분이 모든 것이 되시는 것과 더불어 당신이 아무것도 아님을 알아야 한다.

하지만 그것을 어떻게 알 수 있을까? 당신이 아무것도 아니라는 것을 깨달으려면 오직 하나님만이 모든 것이 되신다는 것을 알아야 한다. 그분이 당신을 인도해 주실 것이다. "나아가라." 어디에서? 당신 자신에게서. 어떻게? 당신 자신을 포기함으로 나아가라. 당신 자신은 물론 다른 사람들도 자연적인 만족을 추구하게 해서는 안 된다. 그러면 어디로 나아가야 할까? 자신을 온전히 부인하며 하나님 안으로 나아가야 한다. 당신은 거기에서 그분이 모든 것의 모든 것이 되신다는 것을 발견할 것이다(골 1:17; 3:11). 당신은 하나님의 빛을 통해 자신은 물론 다른 모든 사람들이 아무것도 아니라는 것을 깨달아야 한다.

"무"는 찬양 받을 자격이 없다. 왜냐하면 무는 아무것도 아니기 때문이다. 하나님과의 온전한 연합을 경험하기 원한다면, 하나님이 모든 것이 되신다는 그 빛 아래에서 자신이 아무것도 아니라는 사실을 확실히 깨달아야 한다. 당신 안에는 능력이 없다는 것을 인정하면서 자신에게서 벗어나는 법을 배워야 한다. 당신 안에 오직 하나님을 위한 것들만 간직하라. 당신은 이렇게 하여 하나님과의 지속적인 연합을 위해 준비될 것이다.

모든 이기적인 유익들을 포기함으로 당신의 본성을 떠나는 법을 익히라. 신랑은 그를 깊이 알기 원하는 자들에게 이러한 내적인 작업을 지시하신다. 그분은 당신을 불러 믿음의 내적 여정으로 "나아가라"고 하신다.

신랑은 당신이 부름 받은 곳에서 당신의 의무들을 소홀히 하지 않기를 원하신다. 당신은 이러한 내적인 삶에서 모든 자유를 누리는 한편, 반드시 성령의 인도에 따라야 한다. 또한 합당한 권위에 순종함으로 믿음의 외적 장식들이라 할 수 있는 것들에 순응해야 한다. 양 떼의 발자취를 따라 "나아가라"는 것은 일상적이고 평범한 방법으로 나아가라는 의미이다.

1:9 내 사랑아 내가 너를 바로의 병거의 준마에 비하였구나

신랑은 쏟아지는 찬사들에 당신이 허무맹랑해지기는커녕, 오히려 자아의 죽음이 깊어질 뿐이라는 것을 분명히 알고 계신다. 그분은 당신의 사랑이 성장하게 하시려고 당신을 칭송하신다.

그분은 빠르고 확실한 여정을 원하신다. 따라서 당신은 오직 그분을 향해 전속력으로 달리는 한 무리의 경주자들에 비유될 수 있다. 하지만 당신이 이 땅에 있는 동안에는 바로의 병거의 준마들처럼 보이게 하심으로 당신을 숨기셨다. 그분을 따라 빨리 달리고 있는 당신은 종종 잘못된 코스에 있는 것처럼 보이기도 한다. 다른 사람들은 당신이 애굽의 쾌락과 허영을 추구하고 있다고 생각할 수도 있다. 어쩌면 당신이 이기적인 욕망들을 추구하고 있다고 믿을지도 모른다. 하지만 분명한 것은 당신이 하나님을 향해 달리고 있고, 당신의 경주는 오직 하나님 안에서 끝날 것이라는 사실이다. 그 어느 것도 당신의 안전한 도착에 방해가 되지 못할 것이다. 하나님은 당신에게 그분의 힘과 신실하심을 공급해 주실 것이다.

*1:10 네 두 **뺨**은 비둘기같이 아름답고,
         네 목은 보석같이 아름답구나*

'뺨'은 내면의 삶과 외면의 삶을 동시에 나타낸다. 여기에서는 비둘기의 아름다움에 비유되고 있는데, 비둘기의 혼인은 평생 동안 지속된다. 만일 하나가 죽으면, 다른 비둘기는 짝을 찾지 않고 평생 홀로 지낸다.

당신이 하나님에게서 분리되면, 어디에서도, 다른 누구 또는 어떤 것에서도 기쁨을 찾지 못할 것이다. 신랑이 내면에 거하고 있다면, 당신은 다른 것들로 당신을 채우려 하지 않을 것이다. 밖에서 얻는 기쁨은 오래 지속되지 못한다. 당신이 하나님께 속하지 않은 모든 사람들과 모든 행실들을 멀리할 때, 주님은 당신을 아름답다고 칭찬하실 것이다.

'목'은 정결한 사랑을 나타낸다. 목에 치장을 하지 않아도, 당신의 온전한 사랑과 신뢰로 인한 아름다움만으로 충분하다. 보석으로 치장하지 않아도, 신랑을 향한 억누를 수 없는 온전한 사랑이 그녀를 매우 아름답게 만든다.

1:11 우리가 너를 위하여 금사슬에 은을 박아 만들리라

당신은 이미 단순하며 정결한 마음과 꾸밈없는 사랑으로 아름답다. 하지만 당신의 아름다움을 한층 빛나게 해줄 어떤 것, 즉 당신이 영광의 왕의 뜻에 온전히 복종한다는 것을 나타내는 금사슬을 받게 될 것이다. 이 금사슬은 하나의 목적을 위한 정결한 사랑을 나타낸다. 그 목적은 하나님의 기쁨과 영광을 위하여 모든 것을 행하는 것이다. 게다가 그 금사슬에는 은이 박혀 있는데, 이것은 당신의 정결한 사랑이 아무리 훌륭해도, 선행을 통해 밖으로 드러나야 한다는 것을 의미한다.

이 구절에 담긴 당신을 향한 주님의 특별한 배려에 주목하라. 그분은 사랑하는 자들이 지녀야 할 최고의 정결함이 무엇인지 가르쳐 주신다. 그분은 당신이 그분은 물론 다른 사람들을 섬기는 데에 조금도 소홀하지 않기를 바라신다.

1:12 왕이 침상에 앉았을 때에, 나의 나드 기름이 향기를 뿜어냈구나

당신은 신랑이 깊은 곳에 그리고 중심에 있음을 경험한다. 신랑은 항상 영혼의 중심에 계신다. 하지만 그곳에 은밀히 거하시기 때문에, 때로는 그분의 존재를 인식하지 못할 수도 있다. 신랑이 스스로 나타나시는 경우도 있는데, 그때에는 영으로 그분을 깊고 친밀하게 경험하게 된다.

그분께 온전히 드려질 때에, 당신은 그분을 "왕"이라 부를 수 있을 것이다. 그분이 당신을 다스리시고 온전히 인도하신다. 이 땅의 왕이 보좌에 앉아 있는 것처럼, 영원한 왕이 당신의 영 깊은 곳에 앉아 계신다.

당신의 신실함을 나타내는 향기름이 달콤하고 유쾌한 향기를 뿜어낸다. 왕은 자신을 드러내신 것으로 행복해하신다. 당신은 그분이 당신 안에 있는 보좌에 앉아 계신 것을 인식하게 된다. 그분은 항상 거기에 계시지만, 항상 그분을 느낄 수 있는 것은 아니다.

1:13 나의 사랑하는 자는 내 품 가운데 몰약 향주머니요

신랑을 발견하면, 신부는 너무 기쁜 나머지 즉시 그와 연합하고 싶어 한다. 하지만 아직은 그럴 수 없다. 그분은 사랑하는 자에게 "몰약 향주머니" 같은 존재이시다.

아직은 사랑스러워서 껴안고 싶은 그런 신랑이 아니다. 오히려 시련과 고통과 고난 덩어리이다. 그분은 당신을 자신의 고통에 일부 참여하게 함으로, 당신의 충성을 시험하고 싶어 하시는 십자가에 못 박히신 분이다.

하지만 그의 신부가 얼마나 성숙해졌는지 보라. 그녀는 사랑하는 분이 자기에게 시련과 시험을 줄 것이라고 말하지 않는다. 그분 자체가 시련과 시험 덩어리이다. 그분은 그녀가 짊어지는 모든 것을 지고 계신다. 이 몰약 향주머니는 그분이 안팎으로 고통을 주는 신랑이 되실 것이라는 증거로, 그녀의 품안에 간직될 것이다.

외적인 시련들이 내적인 시련들에 동반되지만 않으면, 그리 큰 문제가 되지 않는다. 하지만 내적인 시련들에 외적인 문제들이 동반되면, 훨씬 더 고통스러워진다. 영은 사방에서 십자가 외에는 어떠한 것도 감지하지 못한다. 그럼에도 불구하고, 십자가의 형태로 당신에게 다가오시는 사랑스러운 분이 여기 계신다. 당신의 영 깊은 곳에 계시는 그분은 이 고통의 계절에, 이전보다 더 당신과 가까이 계신다.

1:14 나의 사랑하는 자는 내게 엔게디 포도원의 고벨화 송이로구나

당신은 아직 사랑하는 분이 지니고 계시는 아름다움과 은혜의 깊이를 알지 못한다. 그분은 당신 안에 온전히 거하실 것이며, 당신은 그분 안에 거하게 될 것이다. 당신은 이미 그분이 "고벨화 송이"(향기 나는 관목) 같다는 것을 깨닫고 있다. 그분은 자신을 찾는 자들이 행하는 모든 것에 향기를 주시고 가치를 부여하시는 분이다.

술람미 여인은 사랑하는 이를 기분 좋은 향기와 발삼(balsam)나무의 뛰어난 특성들에 비유한다. 그분은 참된 음료로, 하나님의 포도주의 힘이다. 당신이 오직 하나님 안에서 기쁨을 발견하는 법을 배우면, 이제 다른 어떤 것에서도 기쁨을 얻지 못하게 된다. 그러나 만족의 근원을 다른 곳에서 찾게 되면, 곧 모든 것을 잃게 된다.

1:15 *내 사랑아 너는 어여쁘고 어여쁘다*
네 눈이 비둘기같구나

사랑하는 분은 가르침을 받을 준비가 되어 있는 당신을 지켜보면서 그 아름다움에 푹 빠져 계신다. 그분은 당신을 칭찬하고 칭송하신다. 주님은 당신 안에서 두 종류의 아름다움을 보신다. 하나는 내적인 아름다움이고, 다른 하나는 외적인 아름다움이다. 이제 그분은 당신이 자신의 아름다움을 보기를 원하신다. "보라, 네가 아직 온전치는 않지만, 너의 내면은 이미 아름답다. 너의 외면도 곧 온전히 아름다워질 것이라는 것을 기억하라. 내가 너를 온전케 할 것이다. 내가 너의 모든 약점들을 제거해 줄 것이다."

이러한 칭송은 당신이 더 아름다워질 것이라는 약속과 함께 주어졌다. 그리스도는 현재 지니고 있는 불완전한 것들로 인해 당신 안에 겸손이 뿌리내리게 될 것을 아시고, 그것을 앎으로 힘을 얻으라고 격려하신다. 또한, 그분을 통하여 당신이 온전해져서 아무 흠도 없을 것이라는 사실도 알려 주신다. 당신은 이미 비둘기의 눈을 가지고 있다. 당신의 내면과 외면은 단순하다. 내적으로는 당신의 왕만을 바라보고 있고, 외적으로 당신의 말과 행동에는 기만적인 것이 전혀 없다.

단순함이 영적으로 성장하고 있다는 확실한 증거이다. 당신은 인위적인 수단들로는 사랑하는 분께 다가갈 수 없다는 것을 배우게 될 것이다. 그분의 영이 당신을 인도하시게 하라. 사랑은 단순함과 정직함 가운데 온전해진다.

1:16 나의 사랑하는 자야 너는 어여쁘고 화창하다
우리의 침상은 꽃으로 덮여 있구나

신부는 신랑의 칭송을 자기에게 돌리려 하지 않는다. 그것을 다시 그분께 돌려 드린다. "나의 사랑하는 이여, 당신은 참으로 어여쁘고 아름답습니다." 그녀는 자기가 받은 모든 칭송을 그분께 돌려 드린다.

우리는 칭송하는 데 항상 그분보다 앞서야 한다. 그분은 존귀하신 분이다. 그분이야말로 모든 선의 근원이며 중심이시다. 그 어느 것도 당신에게 귀속되지 않는다. 우리는 술람미 여인에게서 이것을 배울 수 있다. 그녀는 언제 어디서든 사랑하는 임의 모든 것에 대해 그분께 영광을 돌린다. 그녀가 아름답다면, 그것은 그분의 아름다움 때문이다.

술람미 여인은 "우리의 침상(신랑이 거하는 내면의 장소)이 준비되어 있고, 수천 종류의 꽃들로 장식되어 있다"고 덧붙인다. 그녀는 그것을 "우리의 침상"이라고 부르는데, 신랑이 그곳으로 기꺼이 오려 하고, 거기에서 그녀와 온전히 연합할 것이기 때문이다. 이것이 그녀의 첫 번째 요청이자, 궁극적인 목표가 될 것이다.

1:17 우리 집은 백향목 들보, 잣나무 서까래로구나

영의 가장 깊은 곳에 숨어 계시는 주님은 당신 안에 있는 거처에서 그분의 임재를 활짝 드러내고 싶어 하신다. 그분의 임재가 활짝 드러날 때에 많은 영적 열매들이 맺히게 될 것이다. 과일이 꽃처럼 무성하게 맺힐 것이다. 당신은 자신이 그렇게 멋진 장소에 있는 것을 발견하고는 매우 흡족해할 것이다.

당신은 내면의 거처가 거의 완성되어 가고 있음을 느낄 것이다. 지붕이 놓였고, 서까래는 백향목으로 만들어졌다. 들보는 외적인 덕행들이 실행되는 것을 나타낸다. 선한 일들은 기분 좋은 향기를 뿜게 되어 있다. 그리고 당신은 이 시점에 그런 것들을 행하기 쉽다는 것을 발견할 것이다. 당신의 외적인 기질들을 통제하는 일이 잣나무로 조각된 아름다운 서까래처럼 믿음직스럽게 보일 것이다.

당신의 침상이 꽃들로 장식되었고 그 안에 달콤함이 있기 때문에, 모든 것이 완성된 것처럼 보일 것이다. 따라서 당신은 모든 일이 순조롭게 이루어졌다고 믿게 될 것이다. 하지만 잣나무가 무엇을 상징하는지 기억하라. 죽음이다. 이렇게 아름답게 장식된 모든 재목들은 다가올 희생의 연료에 불과하다. 당신은 곧 골짜기의 백합화, 즉 죽음과 고통의 꽃이 될 것이다.

1장
각주

1) 믿는 자가 하나님의 기름부으심으로 온전한 능력이 자기에게 임했음을 느끼는 동안에는, 불완전함이 제거된 것처럼 보인다. 하지만 정화의 과정이 계속되는 동안, 그 효력은 표면에서 영혼 깊은 곳으로 가라앉는다. 따라서 그 사람의 자연적인 결함들이 눈에 띄게 드러난다. 겨울이 다가오면서 식물계에 나타나는 변화가 이러한 하나님의 역사를 생생하고 실감나게 보여 준다. 추운 계절이 다가옴에 따라 잎들이 점차 떨어지고, 생동감이 넘치던 푸른색은 이내 장례식을 연상케 하는 잿빛으로 변해 버린다. 그러면 나무는 벌거벗어 황량하게 보인다. 여름에 입던 옷들이 벗겨지면서 이전에는 보이지 않던 결함들과 굴곡들이 보인다. 나무들이 기형이라는 말이 아니다. 모든 것들이 이미 거기에 있었지만, 무성한 잎들에 가려져 있었던 것이다. 이처럼 정화의 과정 가운데 있는 사람에게는 덕스러운 것들이 밖으로 드러나지 않는다. 하지만 수액을 품고 있는 나무가 잎을 만들어 내는 것처럼, 영은 선한 것들을 만들어 내는 근원이다. 다만, 외적으로 드러나던 것들만 사라졌을 뿐인데, 그로 인해 벌거벗은 사람은 자신은 물론 다른 사람들의 눈에도 온통 결함 투성이로 보인다. 이것들은 이전에는 풍성한 은혜에 숨겨져 있었을 뿐이다. 겨울 내내 나무들은 죽은 것처럼 보인다. 하지만 실제는 그

렇지 않다. 오히려 그것들을 보존하고 강화시켜 주는 과정을 통과하고 있다. 그러면 겨울이 가져다주는 유익은 무엇인가? 겨울은 나무들의 표면을 수축시켜 수액이 외부로 낭비되지 않게 한다. 겨울은 나무들의 힘을 뿌리에 집중시켜 새로운 뿌리들이 밀고 나오게 할 뿐 아니라, 오랜 뿌리들은 영양을 공급받아 더욱 튼튼해져서 땅속 깊은 곳으로 들어가게 만든다. 따라서 죽은 것처럼 보여도(이 표현을 나뭇잎에 적용한다면), 나무의 본체는 이전보다 훨씬 더 생명력이 넘친다. 나무의 생명의 근원과 기초가 더 확고해지는 것이 바로 겨울이다. 나무는 다른 계절에는 뿌리를 희생하여 자신을 가꾸고 아름답게 치장하는 일에 수액의 모든 에너지를 사용한다. 이것은 은혜의 세계에도 그대로 적용된다. 하나님은 비본질적인 덕행들을 모두 제거하심으로 본질적인 덕행들을 강화시키려 하신다. 영혼은 여전히 이런 일들을-비록 숨겨진 방식이기는 하지만-행하고 있다. 겸손과 순수한 사랑과 절대적 포기 가운데, 그리고 자신과 때로는 다른 사람들을 보호하기 위해 수치를 당하면서 성장하고 있다. 하나님의 간섭으로 외적으로 손상된 것처럼 보이지만, 사실 영혼에 어떤 새로운 결함이 생겼다는 의미는 아니다. 다만, 이전에 존재하던 결함들이 드러남으로써, 즉 활짝 개방됨으로 더 잘 치유되게 하려는 것이다.

이신칭의

2) 불이 나무를 태워버리기 전에 검게 그을리는 것처럼, 나무를 검

게 하는 것은 불의 접근이다. 나무는 또한 습기에 색이 변할 수도 있다. 하지만 그렇게 되면 불이 붙기가 훨씬 어려워지는데, 습기가 너무 많아 축축해지면 전혀 불이 붙지 않는다. 음녀처럼 하나님을 떠난 사람들의 걸음도 이와 같다(시 73:27). 그들은 모두 멸망할 것이다. 그러나 우리의 술람미 여인은 그렇게 되지 않았다. 하나님은 자신의 정함에 반대되는 모든 것들을 제거하여 그분 안에서 온전케 하시려고 그녀에게 엄청난 사랑을 부어 주셨다. 술람미 여인의 피부는 그 사랑에 검게 된 것이다.

이신칭의 by 잔느 귀용

3) 아버지가 다양한 요리들, 어떤 것은 다른 것들보다 더욱 맛있게 요리해서 식탁에 올려놓았다. 자녀 중 하나가 가까이에 있는 음식에 마음을 빼앗기고, 그것을 먹게 해 달라고 아버지에게 요청했다. 하지만 그것은 아주 맛있는 음식은 아니었다. 아버지는 아들이 자기 앞에 있는 음식에 빠져 있었기 때문에 훨씬 맛있는 음식을 줘도 거절할 것을 알았다. 그래서 아들이 낙담한 채 배고파하지 않게 하려고 마지못해 그의 청을 들어주었다. 마찬가지로 하나님은 왕을 달라는 이스라엘 백성의 요구를 들어주셨다. 이것은 하나님이 그들을 위해 선택하신 것이 아니었다. 또한 그들에게 필요한 것도 아니었다. 다만 그들의 마음이 동경하는 것이었을 뿐이다.

갈멜 산에 오르기(Ascent of Carmel) by 십자가의 요한

Song of Songs

Chapter 2

2:1 나는 들판의 꽃(샤론의 수선화 또는 장미)*이요*
골짜기의 백합화로다

당신은 내면의 꽃으로 만들어진 침대 위에서 참된 쉼을 얻기 전에, 먼저 십자가라는 고통스러운 침대 위에서 쉼을 얻도록 부름 받았다. 당신은 죽음의 꽃이 되었다. 가장 참기 힘든 죽음은 주님이 뿌리 내리신 사람들 안에서 일어난다. 당신은 그분을 발견하기 위해 싸워야 하고 많은 고난과 역경을 견뎌야 한다.

2:2 여자들 중에 내 사랑은 가시나무 가운데 백합화 같도다

신랑은 이 말을 하면서 사랑하는 자의 진보적 성장에 대해 이야기하신다. 당신은 그분 앞에서 깨끗하며, 마음을 즐겁게 하는 백합화 같고 달콤한 향기 같다. 하지만 아직도 유순하지 않고 그분의 영에 복종하지 않는 여자들이 많다. 그들은 무성해서 결코 통과할 수 없는 가시넝쿨 같다. 이 가시들에 접근하는 자들은 누구나 상처를 입을 것이다. 그런 사람들은 냉정하며, 여전히 자기에게만 몰두한다.

하나님의 뜻에 온전히 순종하려 할 때에, 그렇지 않은 사람들은 당신이 하나님께 온전히 드려지는 것을 막으려고 할 수 있는 모든 것을 할 것이다. 이러한 핍박을 받을 때에 당신은 큰 고통을 느낄 것이다. 하지만 백합은 가시들에 둘러싸여 있어도 그 정결함과 향기를 온전히 보존한다. 하나님의 뜻에 온전히 복종하는 사람들은, 그분의 은혜의 움직임을 따르지 않고 자기가 인도자가 되어 자신이 원하는 일을 하려 하는 사람들의 저항을 수도 없이 받지만, 결국 신랑의 보호를 받을 것이다.

2:3 남자들 중에 나의 사랑하는 자는 수풀 가운데
사과나무 같구나 내가 그 그늘에 앉아서 심히
기뻐하였고 그 열매는 내 입에 달았도다

얼마나 간단한 비교인가! 핍박 받은 술람미 여인은 자신의 경험을 이해하지 못하는 자들에게 말하면서, 동시에 그녀가 사랑하는 분께 말하고 있다. 사랑하는 신랑은 하늘과 땅에서 가장 흡족한 모습이다. 따라서 신부가 그의 보호 그늘 아래에 앉아 있는 것을 보고 놀라지 말라. 그녀가 다른 어느 곳에 있고 싶겠는가? 그의 열매, 심지어 십자가의 열매도 달게 느껴진다. 육체는 이 열매의 맛을 모르지만, 영은 그 열매의 단맛을 안다. 일단 이 열매를 맛보면, 당신은 이 열매 외에는 다른 어떤 것도 사모하지 않게 될 것이다.

2:4 그가 나를 포도주 저장실로 인도하여 내 안의 사랑에 질서를 부여해 주었구나

당신은 사랑에 취한 왕과 유쾌한 교제를 나누었고, 틀림없이 가장 좋은 포도주를 맛보았을 것이다. 당신은 왕을 향한 강렬한 사랑에 압도되었음을 느낀다. 왕은 그분을 깊이 들이마실 수 있게 당신을 포도주 저장실로 이끄셨다.

이 훌륭한 포도주의 힘을 처음으로 경험했을 때, 당신은 그 힘에 압도되어 차라리 우유를 마셨으면 좋았을 것이라 생각하기도 했다. 그래서 왕은 당신이 그분을 있는 그대로 경험할 수 있게 조금만 권하는 것에 만족하셨다. 이러한 경험과 은혜로 당신은 더욱 강하고 지혜롭게 성장했으며, 하나님의 포도주를 자유롭게 마실 수 있게 되었다. 그분은 당신이 자신에 대해서는 온전히 잊고 그분만을 즐거워하기를 바라신다. 당신은 자신의 구원과 완성, 기쁨과 안락 등 모든 이기적인 관심에서 해방되어야 한다. 이제 당신의 관심을 끄는 것은 오직 하나님의 관심을 끄는 것들이어야 한다.

당신은 더 이상 이기적인 욕심으로 그분의 품을 즐기는 것에 대해 생각하지 않는다. 그분과 함께 그분의 고통을 질 준비가 되어 있다. 자신을 위해서는 어떤 것도 요구하지 않는다. 모든 것이 그분을 위한 것이다.

하나님이 가지고 계신 의로운 계획들을 온전히 품에 안으라. 그분이 당신을 위해 선택하시는 모든 것에 마음을 다해 동의하라. 하나님 안에서 사랑하는 것 외에는 심지어 자신도 사랑하지 마라. 아무리 중요하고 필요해 보여도, 하나님 안에서 그리고 하나님을 통하지 않는 것은 절대로 하지 마라.

하나님이 당신 안에서 질서를 부여하신 사랑이 바로 이런 것이다. 당신 안에 있는 사랑에는 하나의 목적만 있는데, 그것은 오직 하나님만을 위한 것이다. 다른 것들은 모두 아무것도 아닌 것처럼 여겨진다. 모든 것이 사랑하는 분을 위한 것이며, 당신을 위한 것은 아무것도 없다. 하나의 목적을 지닌 이러한 일편단심 사랑이 다가올 어려운 시기에 당신에게 어떠한 힘을 줄 수 있을까? 이와 같은 사랑은 오직 그 맛을 경험한 사람들만 즐길 수 있다.

2:5 너희는 꽃(건포도)으로 내 힘을 돕고, 사과로 나를 시원하게 하라 내가 사랑으로 병이 생겼음이라

신랑은 그의 사랑을 당신 안에 새겨 놓으신 후에, 다가올 고통을 위해 특별한 은혜를 베푸신다. 당신의 영 깊은 곳에서 교제를 나누는 은혜를 허락하신 것이다. 그분의 임재 의식이 당신의 온 존재를 채운다. 당신은 넘쳐흐르는 하나님의 은혜에 압도되지만, 믿음을 외적으로 행사하며 강해지고 싶다고 큰 소리로 말한다. 당신에게 내적인 길이 너무도 과한 것인가?

가련한 자여! 당신이 무슨 말을 하고 있는지 아는가? 왜 꽃과 과일의 위로를 받고 싶어 하는가? 그것들은 단지 외적인 위로에 불과하지 않은가? 당신은 자신이 무엇을 요구하는지도 모르고 있다. 이 어려운 시험에 정신을 잃더라도, 당신은 사랑하는 분의 품에 안기게 될 것이다. 이것이 행복하게 죽는 길이 아닌가? 하지만 당신은 아직 이것에 준비되지 않았구나.

2:6 그가 왼손으로 내 머리를 고이고 오른손으로 나를 안는구나

당신은 자신 안에서 일어나고 있는 신비스러운 일을 이해하기 시작한다. 그리고 외적으로 지지해 달라고 요구했던 것을 회개한다. 주님의 손이 당신을 충분히 지지해 주셨음을 깨달은 것이다. 그분은 당신을 돌보며 지지해 주셨다. 그분 자신과의 연합으로 당신을 영화롭게 해 주셨다. 그분이 거룩한 것들로 축복해 주시는데, 이 땅의 꽃과 과일들이 당신과 무슨 상관인가? 당신은 그분과 연합을 이루게 될 것이며, 그 연합을 통해 지금까지와는 비교할 수 없는 아름다운 열매를 맺게 될 것이다.

그분이 오른손으로 당신을 안으실 것이다. 오른손은 그분의 전능하심과 사랑을 나타낸다. 여기에 온전한 즐거움이 있다. 먼저, 오른손으로 안는다는 것은 결혼이 아니라, 약혼의 징표이다. 그분은 성령으로 약혼하여 당신을 곁에 두실 것이다. 이제 당신은 미래에 결혼할 것이라는 순전한 소망을 품게 되었다. 그날에 주님은 당신을 안고 연합하실 것이며, 당신은 결코 이별을 두려워하지 않을 것이다.

당신의 영이 주님의 영과 더욱 깊이 연합하면서 당신은 힘을 얻게 될 것이다. 점점 더 하나님의 임재 안에 거하는 삶을 살게 되고, 결코 지치지 않을 것이다. 사랑 안에서 굳건해져서 하나님 안에 거하는 삶을 살아갈 것이다. "하나님 안에 거하는 자마다 사랑 안에 거하나니 하나님은 사랑이심이라"(요일 4:7-8).

*2:7 예루살렘 여자(딸)들아 내가 노루와 들사슴을 두고
너희에게 부탁한다 내 사랑이 원하기 전에는
흔들지 말고 깨우지 말지니라*

당신은 정혼한 분의 품에서 영적인 잠을 자고 있다. 전에는 결코 알지 못했던 거룩한 쉼을 즐기고 있다. 이전에는 확신 가운데 그분의 그늘 아래에서 쉬기는 했지만, 그분의 품에서는 잠들지 못했다. 사람들, 심지어 영적인 사람들도 이 달콤한 잠에서 당신을 깨우고 싶어 하는 것은 참으로 이상한 일이다.[1]

예루살렘의 딸(여자)들은 사랑스럽지만 참견하기 좋아하는 사람들이다. 그들은 그럴듯한 이유들로 당신을 깨우고 싶어 한다. 하지만 당신은 깨어서는 안 되는 달콤하고 깊은 잠을 자고 있다. 신랑이 당신을 품에 안고, 사람들에게 자신이 사랑하는 이를 깨우지 말라고 부탁하신다. 그분은 충동적인 예루살렘 여자들에게 당신이 외적인 일을 하고 있을 때보다 쉬고 있을 때 더욱 사랑스럽게 보인다고 말씀하신다. 그분은 "그녀를 깨우지 말고 그녀의 잠을 방해하지도 마라. 내가 그녀를 깨울 준비가 될 때에, 그녀는 기쁨으로 일어나서 따르게 될 것이다"라고 하신다.

2:8 내 사랑하는 자의 목소리로구나 보라
그가 산에서 달리고 작은 산을 빨리 넘어오는구나

다른 모든 것들에 대해 잠들어 있는 당신의 영은 하나님의 음성에 더욱 민감해졌다. 당신은 그분의 음성을 듣고 즉시 알아차린다. 신랑은 당신을 안고, 품으시며, 또한 당신 안에 거하신다. 영적으로 쉬고 있을 때, 당신은 그분과 더욱 깊이 연합되어 있음을 느낀다. 그분은 작은 산(혼의 외적인 부분)뿐 아니라, 산 위(영의 가장 깊은 부분)를 걸으신다. 당신은 자신의 경험이 단순히 하나님을 감지하는 것보다 훨씬 더 깊고, 매우 다르다는 것을 느낄 것이다. 당신은 하나님과 연합했다. 이 연합이 당신의 내면을 깊이 변화시키겠지만, 아직 영적 여정의 종점은 아니다.

2:9 내 사랑하는 자는 노루와도 같고 어린 사슴과도
같아서 우리 벽 뒤에 서서 창으로 들여다보며
창살 틈으로 엿보는구나

    신랑이 부드럽게 당신을 만질 때에, 당신은 그것이 영원히 지속될 것이라고 생각한다. 하지만 이런 만짐은 그분의 사랑에 대한 맹약이면서 동시에 그분이 떠나실 것이라는 표시이기도 하다. 당신이 그분과의 연합으로 달콤함을 맛보기 시작할 때에, 그분은 온데간데없이 사라지실 것이다.
    술람미 여인은 그분의 갑작스러운 사라지심을 사슴 혹은 노루의 움직임에 비유한다. 그분의 이상한 사라지심에 슬퍼하는 동안, 그녀는 갑작스럽게 다시 그분이 가까이에 계심을 감지한다. 그분은 단지 자기에 대한 그녀의 신뢰와 믿음을 시험하기 위해 자신을 숨기셨던 것이다. 신랑은 그녀에게서 시선을 옮긴 것이 아니라, 그녀를 이전보다 더 조심스럽게 돌보고 계신다.
    신랑은 당신과 이전보다 훨씬 더 친밀한 연합을 이루고 계신다. 그분은 항상 당신을 바라보고 계시지만, 당신은 그분을 항상 보지는 못한다. 다만 이따금씩 그분을 감지할 수 있을 뿐이다. 그리하여 그분의 보호를 의식하고, 그분에 대해 다른 사람들과 이야기할 수 있게 된다.
    그분이 서 계시다는 것에 주목하라. 지금은 쉴 때도, 자리에 앉을 때도 아니다. 지금은 달릴 때이다.

*2:10 나의 사랑하는 자가 내게 말하여 이르기를
나의 사랑, 내 어여쁜 자야 일어나서 함께 가자*

하나님은 그분을 향하도록 당신의 관심을 내면으로 돌리시고, 거룩한 포옹으로 그분과 연합할 수 있도록 당신을 준비시키고 계신다. 그분은 영적인 죽음처럼 보이는 길을 걷게 하심으로 이 일을 행하실 것이다. 사랑하는 주님은 당신 자신에게서 빨리 빠져나오라고 당신을 초청하고 계신다. 그분은 당신에게 더 이상 쉬라 하지 않으시고, 오히려 일어나라고 명령하신다.

이것은 그분의 이전 행동들과 매우 다르다. 전에는 아무도 당신을 깨우지 못하게 하셨지만, 이제는 당신이 일어나기를 원하신다. 그분은 매우 달콤하지만 단호하게 당신을 부르신다. 따라서 당신은 그분의 뜻을 행하는 것에 대한 전적인 확신이 없어도, 더는 그 부르심을 거부할 수 없다.

"내가 나의 신부로 선택한 나의 사랑아, 일어나라. 너는 나의 사랑스러운 존재이다. 나의 모습을 비추고 있는 너는 아름답기만 하구나. 나의 단순하고 신실한 비둘기야, 일어나 떠나자. 너에게는 자신을 버리고 떠날 수 있도록 필요한 모든 것이 있다. 네가 나를 발견할 수 있게 나는 너를 내면 깊은 곳으로 인도하였다. 이제 너 자신에게서 빠져나와 나를 따르라고 부탁한다."

이것은 전에 요구하셨던 "나아옴"과는 다른 종류의 것이다. 이전의 나아옴은 신랑을 기쁘게 해 드리기 위해 자연적인 만족들을 버리라는 부르심이었다. 하지만 지금은 자기 본성을 떠나라는 부르심이다. 당신은 하나님의 소유가 되기 위해 자신에 대한 소유권을 내려놓아야 한다. 자신을 잊고, 오직 하나님만 바라보아야 한다.

2:11 겨울도 지나고 비도 그쳤고

두 종류의 겨울이 있는데, 하나는 내적인 겨울이고, 다른 하나는 외적인 겨울이다. 이 두 겨울은 상반되는 시기에 찾아온다. 외적인 겨울이 다가올 때, 내면은 여름을 맞이한다. 따라서 당신은 더욱 내면 깊은 곳으로 향하려 한다. 즉, 당신은 내면을 향한 계절로 이끌림을 받는다.

마찬가지로, 내면에 겨울이 찾아올 때에는 외면은 겨울을 맞이한다. 내면의 추운 계절로 인해 당신은 밖으로 나오게 된다. 포기라는 풍성한 은혜 가운데 확장됨으로, 사랑하는 분이 살아가실 더욱 큰 공간을 마련하게 된다.

이 구절에 언급된 겨울은 외적인 겨울이다. 이 겨울이 지나갔다. 당신은 너무 추워서 얼어 죽거나, 육체에 속한 것들에 휩싸여 쉽게 다가오는 죄와 불완전함이라는 눈보라 또는 폭풍우에 압도될 수도 있었다. 하지만 당신은 외면에서 파도가 요동치는 동안, 내면에서 주님을 경험하며 더욱 강해졌다. 더 이상 폭풍우를 두려워하지 않을 것이다.

"겨울이 지나갔다"는 것은 또한 겨울이 모든 것에 죽음을 가져왔다는 뜻이다. 죽음이 외적인 모든 것들에 임했다. 외적인 즐거움은 더 이상 당신에게 만족을 주지 못한다. 물론, 순수한 즐거움을 누릴 수는 있지만, 전에 없던 단순함과 초연함이 있을 것이다. 세상에 속한 외적인 것들에서 참 즐거움을 발견하는 것은 완전히 불가능한 일이다.

겨울비가 그쳤다. 당신은 날씨를 두려워하지 않고 밖으로 나갈 수 있다. 그리고 다음의 부가적인 유익까지 누리게 되었다. 추위가 모든 벌레들을 멸하였는데, 이 벌레들은 이전에 당신 안에서 활동하며 당신을 멸할 수도 있었다.

2:12 지면에는 꽃이 피고, 가지치기를 할 때가 이르렀는데(새가 노래할 때가 이르렀는데), *비둘기의 소리가 우리 땅에 들리는구나*

주님은 당신을 밖으로 나오게 하려고 그분의 영역으로 인도하고 계심을 깨닫게 해 주신다. 주님은 그 땅을 "우리의 땅"이라 부르시는데, 구속으로 당신을 위해 그 땅을 얻으셨기 때문이다. 그 땅은 그분의 것이지만, 또한 그분으로 인해 당신의 것이기도 하다. 거기에는 꽃이 피어 있다. 그 땅에서 자라는 꽃들은 결코 시들지 않는다. 그 꽃들은 겨울이 돌아오는 것을 두려워하지 않기 때문이다.

포도나무를 가지치기 할 때가 도래했다. 포도나무와 같은 당신은 이제 잘리고 다듬어져야 한다.

비둘기-그리스도의 인성-의 소리가 당신에게 자신을 잊고, 하나님 아버지의 품속에서 그분과 함께 자신을 숨기자고 초청하고 있다. 그리스도는 당신을 알지 못하는 땅으로 부르고 계신다. 그분이 부르시는 그 땅으로 들어갈 때, 당신은 그 땅을 더욱 잘 이해하게 될 것이다. 지금 이해할 수 있는 것은 단순하고 순수한 그분의 목소리가 당신의 목소리와 다르다는 것이다.

2:13 무화과나무에는 푸른 열매가 익었고, 포도나무는 꽃을 피워 향기를 토하는구나 나의 사랑 나의 어여쁜 자야 일어나서 함께 가자

가을의 열매들과 여름의 더위에 동반되는 영원한 봄이 여기에 있다. 신랑은 이 열매들과 꽃들로 독특한 세 계절을 나타내고 있다. 그분은 겨울을 더 이상 언급하지 않는다. 왜냐하면 겨울-외면의 겨울과 내면의 겨울-은 지나갔기 때문이다.

여기에 봄과 여름과 가을이 함께 어우러진 계절이 있다. 당신은 내면의 겨울에 도달하기 전에, 영적 삶의 모든 계절들을 통과했다. 하지만 이후에 겨울의 죽음으로 불멸화된 영원한 봄, 여름, 가을에 다시 진입한다. 봄의 온화함이 여름의 열정이나 가을의 풍성함을 방해하지 않는다. 여름의 열기는 봄의 아름다움을 방해하지 않는다. 가을의 풍성함은 봄의 즐거움에, 또한 여름의 무성한 성장에 어떤 장애물도 되지 않는다.

축복 받은 땅이여! 그대를 소유하는 자들은 행복한 자들이어라!

이 땅에 들어가려면 당신 자신에게서 **빠져나와야** 한다. 그 땅의 소유자가 모든 사람들에게 그 땅을 주기로 약속하셨다. 그 땅은 그분의 피로 샀는데, 이 일은 심지어 그분이 이미 그것을 상속 받으신 후에 일어났다. 그리고 그분은 모든 사람들에게 그 땅으로 들어오라고 진지한 초대장을 보내고 계신다. 신랑은 그렇게 할 수 있도록 모든 수

단들을 당신에게 제공해 주신다. 그분은 긴급하게 당신을 초대하고 계신다. 당신은 왜 속히 그리로 들어가지 않는가?

2:14 바위 틈(바위 틈 낭떠러지), 은밀한 곳에 있는 나의
비둘기야 내가 네 얼굴을 보게 하라 네 소리를
듣게 하라 네 소리는 부드럽고 네 얼굴은 아름답구나

당신은 그분의 상처 안에 숨어 있다. 이 상처는 살아 있는 바위(반석)의 쪼개진 틈이다. 신랑은 당신에게 얼굴을 보여 달라고 요청하고 계신다. 당신이 그분을 향해 온전히 돌아섰다면, 왜 이런 요청을 하시겠는가? 신랑은 왜 당신의 얼굴을 보여 달라고 간청하고 계시는가? 당신은 그분 안에 숨어 있다. 그분은 당신을 보지 못하시는가? 그분은 당신의 목소리를 듣고 싶어 하신다.

당신은 그분 외에 어느 누구에게도 관심이 없다. 한때, 당신은 신랑을 발견하려면 항상 내면을 향해야 한다고 생각했다. 그래서 힘을 다해 다시 그것을 시도하고 있다. 하지만 지금은 정반대의 것이 필요하다. 신랑은 당신을 당신 자신으로부터 불러내고 계신다.

이러한 이유로 그분은 다음과 같이 말씀하신다. "내가 네 얼굴을 보게 하라. 네 목소리를 듣게 하라. 나를 향해 돌아서라. 내가 새로운 장소로 이동했기 때문이다." 그분은 당신의 목소리가 고요하고, 달콤하고, 평화롭다는 것을 다시 한 번 확실하게 말씀하신다. 이러한 면에서 당신은 사랑하는 분과 같아졌다. 그분의 목소리는 크지 않으며, 당신의 목소리도 그렇다. 그분의 얼굴을 비추는 당신의 얼굴은 참으로 아름답다. 당신이 해야 할 일은 오직 "나오는 것"뿐이다. 왜 이것이

그렇게 힘들까?

　그분이 당신을 당신 자신에게서 나오게 하실 때, 다정하지 않고 억압적이라면, 당신은 결코 당신 자신을 떠나려 하지 않을 것이다. 이제 당신은 전에 내면으로 들어가고 싶을 때 느꼈던 것과 같은 강도의 힘에 의해 밖으로 이끌림 받고 있음을 느낀다. 어쩌면 그보다 더 강할 수도 있다. 당신을 당신 자신으로부터 끌어내려면 내면으로 가라앉힐 때보다 더 큰 힘이 필요하다.

　당신은 내면으로 가라앉아 사랑하는 분과 교제를 나누던 경험이 얼마나 멋진 것이었는지 기억하고 있을 것이다. 이러한 내면의 즐거움을 떠나 시험 외에 어떤 것도 발견하지 못하는 것은 참으로 고통스러운 일이다. 내면으로 가라앉을 때 당신은 살아 있었고 자신을 소유하고 있었다. 하지만 당신이 당신 자신으로부터 나올 때, 당신의 옛 성품이 죽기 시작한다.

2:15 우리를 위하여 여우 곧 포도원을 허는 작은 여우를
잡으라 우리의 포도원에 꽃이 피었음이라

이 여인처럼 사랑하는 분께 이 작은 여우들(당신 안에 있는 많고 작은 결점들)을 제거해 달라고 요청하라. 이 결점들은 당신의 영 안에서 자라고 있는 내면의 포도나무에 해를 입힌다. 하지만 주님은 이 작은 여우들이 그분의 임재를 잘 느끼지 못하게 가로막는 것을 허락하신다. 그렇게 하지 않으면, 당신이 달콤한 교제 가운데 자라는 이 멋진 포도나무에 계속 붙어 있으려는 이기적인 욕심을 포기하지 않을 것이기 때문이다.

포도원 주인은 이 작은 여우들이 포도나무에 해를 입히고, 그것을 파괴하는 것을 허락하신다. 그렇게 하지 않으면, 당신은 결코 당신 자신으로부터 나오려 하지 않을 것이다. 당신이 자신과의 깊은 사랑에 빠져 있을 뿐만 아니라, 주님과의 내적인 교제 가운데 얻는 즐거움에도 너무 빠져 있기 때문이다. 당신은 그분이 당신을 불러내어 다른 곳으로 가게 하는 것을 원하지 않을 것이다.

*2:16 내 사랑하는 자는 내게 속하였고
나는 그에게 속하였도다 그가 백합화 가운데서
양 떼를 먹이는구나*

당신이 주님께 온전히 헌신할 때, 상상할 수 없는 행복이 밀려올 것이다. 주님이 당신의 모든 것이 되시고, 당신은 그분의 선하심에 압도된다. 신랑이 당신을 부르시며 당신 자신을 떠나라고 하실 때에, 당신은 모든 행복의 절정과 모든 완벽함의 정상에 이르렀다고 믿을 것이다. 심지어 하나님과의 완전한 연합에 이르렀다고 믿을지도 모른다.

당신은 자신이 사랑하는 분께 속했다는 것을 알고 있다. 그분은 그분이 기뻐하시는 것을 당신과 함께하고 싶어 하신다. 그분은 당신의 정결함을 보여 주는 백합화 가운데 거하시며 당신 안에 있는 그분의 생명으로 살아가신다. 그분은 순결함과 정결함만을 주식으로 삼으시고, 동일한 음식으로 당신을 양육하신다. 그분은 가장 좋아하시는 음식을 함께하자며 당신을 초청하신다(사 55:2).

2:17 내 사랑하는 자야 날이 저물고 그림자가 사라지기
전에 돌아와서 베데르 산의 노루와 어린 사슴
같을지라

당신은 자신 안에서 하나님의 말씀을 더 이상 감지할 수 없다는 것을 깨닫는다. 당신은 하나님이 쉬시는 곳에서 주무시고 계신다고 믿고 다음과 같이 말한다. "나의 사랑하는 이여, 내가 당신과 같은 지붕 아래에 있습니다. 내가 당신을 느낄 수 있도록 나를 향해 조금만 돌아서십시오! 날이 새어 당신의 모습이 더 잘 보일 때까지, 당신과 함께하는 기쁨을 즐길 수 있게 해 주십시오. 나의 믿음의 그림자가 부드러운 빛을 발하고, 구름 한 점 없는 즐거움을 낳을 때까지, 내가 당신의 임재를 느끼게 해 주십시오."

처음으로 경험한 그분과의 멋진 연합을 기억하면서, 당신은 다음과 같이 외친다. "그 경험이 당신에게도 좋게 여겨지거든 빨리 달려오십시오. 하지만 그 일이 산 위에서 일어나게 해 주세요. 내가 전에 당신과 경험했던 달콤하고 유익한 깊은 연합을 즐기게 해 주세요."

**2장
각주**

1) 하나님을 섬기기 시작한 사람들은 변화를 경험하지 못한 사람들에게 핍박을 받는다. 내면으로 물러나는 그들의 태도가 세상을 다스리고 있는 무질서를 공공연하게 비판하기 때문이다. 내적인 삶을 가꾸는 일에 정성을 다하는 사람들은 불경건한 사람들에게 핍박을 받을 뿐만 아니라, 경건하고 영적인 사고를 가진 것 같지만 내면은 그렇지 않은 사람들에게 더욱 심한 핍박을 받는다. 이런 사람들은 종교적인 의무로 행하고 일하면서, 자기들의 방법 외에 다른 것들은 옳지 않다고 믿는다. 그러나 가장 맹렬한 공격을 가하는 사람들은 위선적인 성도들과 거짓 열성분자들이다. 이러한 자들의 악함과 위선과 못된 성격들은 하나님의 진리의 조명을 받을 때 드러나게 되어 있다. 그리하여 이런 자들과 참으로 영적인 사람들 사이에 충돌이 일어난다. 이것은 마치 천사들과 악마들 사이에 일어나는 충돌과도 같다.

이신칭의 by 잔느 귀용

아름다운 신부여! 그분을 어디에서도 찾을 수 없는가? 주님은 그분을 당신 안이 아니라, 그분 안에서 찾기 원하신다는 사실을 알지 못하는가?

Song of Songs

Chapter 3

3장

3:1 내가 밤에 침상에서 마음에 사랑하는 자를 찾았노라 찾아도 찾아내지 못하였노라

놀랍게도, 당신은 기대하던 은총이 허락되지 않는다는 것을 깨닫는다. 전에는 당신이 바라는 것보다 더 많은 은총을 허락해 주셨다. 하지만 지금은 그분의 오랜 부재로 당신은 낙심한 상태이다. 이러한 믿음의 밤에는 그분을 내면에서 찾아야 한다. 하지만 그분을 어디에서도 발견할 수 없다! 그래도 계속해서 그분을 내면에서 찾아야 한다. 주님이 그분을 계시하셨고, 그분의 성품을 가장 깊이 계시해 주신 곳이 바로 당신의 내면이다.

아름다운 신부여! 그분을 어디에서도 찾을 수 없는가? 주님은 그분을 당신 안이 아니라, 그분 안에서 찾기 원하신다는 사실을 알지 못하는가? 당신은 그분 밖에서는 어디에서도 그분을 발견하지 못할 것이다.[1] 오직 그분 안에서 당신을 발견할 수 있게 서둘러 당신 자신을 떠나라. 그분은 당신이 바로 그분 안에 거하기를 원하신다. 신랑의 이러한 계획이 얼마나 멋진가!

당신이 그분께 가까이 다가가면, 그분은 잔인하게도 당신에게서 달아나신다. 여기에 사랑의 잔인함이 있다. 이와 같은 잔인한 사랑이 없다면, 당신은 결코 자신을 떠나지 않을 것이다. 또 하나님 안에 빠져드는 것이 어떤 것인지도 결코 알지 못할 것이다.

*3:2 이에 내가 일어나서 성안을 돌아다니며 마음에
사랑하는 자를 거리에서나 큰길에서나 찾으리라
하고 찾으나 만나지 못하였노라*

여기에 하나님의 부재로 인한 기적이 있다! 주님은 쉼에서 일어나라고 자주 초대하셨지만, 당신은 그렇게 할 수 없었다! 그분은 매우 부드럽게 요청하셨지만, 당신은 당신 안에서 평화와 고요함을 즐기고 있었기 때문에 떠날 수가 없었던 것이다.

당신 안에서 즐기던 쉼은 당신이 하나님 안에서 발견하게 될 쉼의 그림자에 지나지 않는다. 하지만 당신에게 이것을 납득시킬 수 없었다. 그런데 쉬던 곳에서 사랑하는 분을 더 이상 발견하지 못하자, 그제야 당신은 그분을 찾아 나선다. 한때 천국 같았던 당신의 침대는 이제 지옥 같은 곳이 되었다. 당신이 사랑하는 분이 떠나셨기 때문이다. 그분이 함께 계신다면, 지옥은 다시 천국이 될 것이다.

그 성, 즉 당신이 싫어하던 세상은 이제 그분을 찾는 장소가 될 것이다. 당신이 아무리 사랑해도, 온전히 이해하는 것은 아니다. 신랑을 소유하고 싶어서 신부는 여전히 어린아이같이 이야기한다. 당신은 매우 연약하기 때문에, 당장은 하나님 안에서 그분을 찾을 수 없다. 당신 안에서 그분을 발견하지 못하자, 당신은 그분을 다른 모든 곳, 즉 그분이 계시지 않는 다른 수많은 곳에서 찾으려 한다.

헛되이 찾고 있는 동안, 당신은 사랑하는 분을 찾고 있다는 핑계로 세상에 빠져들 수 있다. 하지만 당신은 여전히 그분을 찾고 있다. 당신의 영은 그분을 사랑하며, 그분 외에 어디에서도 참된 쉼을 얻을 수 없다. 물론, 당신은 그분을 다른 어디에서도 발견할 수 없다. 하나님은 당신이 그분을 그분 안에서 발견하기 원하신다. 하나님 안에서 그분을 발견할 때에, 당신은 위대한 진리를 발견할 것이다. 이 진리의 아름다움이 당신을 압도할 것이다. 당신이 사랑하는 분은 모든 곳에, 그리고 모든 것 안에 계신다. 그분은 모든 곳에 계시지만, 어느 곳에도 제한받지 않으신다. 피조물들은 그분과 같지 않다. 그러나 그분은 모든 곳에서 발견되실 수 있다.

*3:3 성안을 순찰하는 자들을 만나서 묻기를
내 마음으로 사랑하는 자를 너희가 보았느냐 하고*

당신은 이 땅에 속한 어느 누구에게서도 그분을 발견하지 못하자, 이제 그분의 성을 지키는 자들 사이에서 그분을 찾는다. 파수꾼들(순찰하는 자들)이 당신을 발견한다. 하나님이 예루살렘 성벽 위에 세워 두신 파수꾼들은 밤이나 낮이나 결코 방심하지 않는다. 당신은 사랑하는 분을 보았느냐고 묻지만, 그들은 그분이 어디에 계신지 말할 수 없다. 무덤에서 그리스도를 발견하지 못한 막달라 마리아는 사방에서 그분을 찾으려 했다. 이와 같이 당신도 사랑하는 분을 찾지만, 그분이 어디에 계시는지 말해 줄 수 있는 사람은 오직 그분밖에 없다.

3:4 그들을 지나치자마자 마음에 사랑하는 자를 만나서 그를 붙잡고 내 어머니 집으로, 나를 잉태한 이의 방으로 가기까지 놓지 아니하였노라

당신은 그분을 발견하기 위하여 당신 자신으로부터 나오고 모든 것을 떠난다. 사랑하는 분은 새로운 방법으로 자신을 당신에게 나타내신다. 이로 인해 당신은 곧 하나님과의 깊고 영원한 연합으로 들어갈 것처럼 느낀다. 당신은 기뻐서 다음과 같이 외친다. "내 영혼이 사랑하는 분을 발견하였다. 나는 이제 그분이 떠나시는 것을 결코 허락하지 않을 것이다." 당신은 어리석게도 그분을 붙잡아 둘 수 있다고 생각한다. 자신이 저지른 어떤 실수 때문에 그분이 당신을 떠났던 것이라고 믿는다. 이제는 그분을 단단히 붙잡고, 당신 자신을 온전히 내어 드려 그분이 떠나시지 못하게 할 수 있다고 생각한다. 당신은 그분을 "어머니의 집", 즉 당신이 태어난 하나님의 품으로 데려갈 것이라고 생각한다.

이 얼마나 어리석은 생각인가? 당신을 떠나시든, 머물러 계시든, 그것은 오직 그분께 속한 권리이다. 당신에게는 그분을 이끌 권리가 없다. 사랑은 모든 것이 가능하다고 믿는다. 마리아는 주님의 몸을 옮길 수 있을 거라고 믿었다(요 20:15). 그분과 함께 있고 싶은 깊은 열망 때문에, 그분과 함께 거기에서 그분으로 옷 입어야 한다는 것을 잊어버렸다. 당신은 어리석게도 자기가 그분을 인도할 것이라 생각하고 있다.

*3:5 예루살렘 딸들아 내가 노루와 들사슴을 두고
너희에게 부탁한다 사랑하는 자가 원하기 전에는
흔들지 말고 깨우지 말지니라*

신랑은 신부에 대한 연민으로 가득 차 계신다. 그분은 당신이 일어나서 직면한 깊은 내면의 시련으로 고통받고 있음을 알고 계신다. 그분은 다시 한 번 그분의 사랑을 당신에게 전하신다. 당신은 이전보다 훨씬 더 귀해 보이는 보물을 소유한 것에 감격한 나머지, 사랑의 품에 잠이 든 채 죽어 간다. 그분이 당신이 잠들도록 허락하셨다. 그분은 당신이 자아에 대해 죽고 행복에서 깨지 않게 하시려고 잠에서 깨어나는 것을 막고 계신다.

지금은 사랑하는 분을 찾느라 매우 고통스러울 수도 있지만, 그것은 그분을 발견할 때 얻을 기쁨에 비하면 아무것도 아니다. 바울도 이와 똑같은 말을 했다. 이 세상에서 당하는 가장 큰 고통도 장차 우리에게 나타날 영광과 족히 비교할 수 없다(롬 8:18).

3:6 몰약과 유향과 상인의 여러 가지 향품으로
향내 품기며 연기 기둥처럼 거친 들에서 오는 자가
누구인가?

신부인 당신이 신랑의 방문을 통해 받은 은혜로 충만한 것을 보고 친구들이 놀라움을 표현하고 있다. 사랑하는 분의 품에서 매우 정결해진 당신은 사랑의 불꽃에 그을린 바람 한 점 같다. 당신의 의로움은 마치 연기 기둥 같다. 당신의 영적 상태는 아주 뚜렷해졌다.

연기에는 흥미로운 특징이 있다. 연기는 한때 딱딱했던 어떤 것에서 일어난다. 딱딱한 물체가 타면서 연기가 피어오른다. 당신은 더 이상 딱딱하지도 자기 안에 갇혀 있지도 않다. 당신은 믿음의 광야에서 나와 위로 올라가고 있다. 당신은 어디를 향해 가고 있는가? 하나님 안에서 쉬기 위해 나아가고 있다.

3:7 볼지어다 솔로몬의 가마라 이스라엘 용사 중
육십 명이 둘러쌌는데

신부는 자기 자신으로부터 이미 분리되었음을 깨달으며 한 가지를 더 행해야 한다고 생각한다. 사실이기는 하지만, 먼저 어떤 장애물들을 극복해야 한다.

참 솔로몬(true Solomon)이신 하나님의 가마에 이르기 위해 당신은 60명의 용맹스러운 군사들을 통과해야 한다. 이들에게는 하나님의 본질을 보여 주는 특징이 있다. 당신은 그들 안에서 당신의 모든 힘을 발견할 것이다. 하나님의 능력은 이러한 특징들로 사람들에게 계시된다.

3:8 다 칼을 잡고 싸움에 익숙한 사람들이라
밤의 두려움으로 각기 허리에 칼을 찼느니라

이 군인들은 하나님의 것을 자기 것으로 삼을 정도로 어리석은 모든 사람들과 싸울 것이다. 그들은 "누가 우리 하나님과 같은가?" 하고 큰 소리로 합창할 것이다. 하나님의 의는 인간들의 자기 의를 멸하기 위해 오셨다. 그분의 힘은 인간의 능력을 완전히 무기력하게 만든다.

주님은 당신이 스스로 얼마나 무력한지를 체험하고 주님의 힘으로 나아오게 하신다(시 71:9). 당신은 자신이 의롭다는 모든 생각들을 버리고, 오직 하나님만 의로우시다는 것을 배울 것이다.

하나님의 섭리는 인간들의 지식과 계획들을 허사로 만드신다. 솔로몬의 가마 안으로 들어가기 전에, 당신은 먼저 이 모든 것을 멸해야 한다. 하나님의 말씀을 칼처럼 차고 있는 이 군인들은 비밀스러운 생각들을 찾아내기 위해 당신의 내면 깊은 곳을 파헤칠 것이다. 그들에게는 그런 것들을 찾아 없앨 수 있는 능력이 있다.

하나님은 말씀하신 모든 것을 성취하시기 위해, 당신의 깊은 곳에서 말씀으로 자신을 드러내신다. 하나님은 말씀을 선포하시자마자, 번개처럼 곧바로 성취하신다. 하나님은 그분께 저항하는 모든 것들을 재로 만드실 것이다. 예수님이 이 땅에 계셨을 때에도 마찬가지였다. 예수님의 말씀은 입에서 나오자마자 성취되었다. 예수님은 인간들의 교만을 깨뜨리시기 위해 인간의 몸을 입으셨다.

그리스도는 당신의 연약함으로 들어가셔서 남아 있는 힘을 멸하려 하신다. 그분은 자기 의를 멸하려고 죄인의 모습을 취하셨다. 주님은 당신 안에서 이와 똑같은 일을 행하신다. 그분은 당신을 낮추고 약하게 하셔서 그분 없이 살 수 없음을 알게 하실 것이다.

이 구절은 용사들이 "밤의 두려움으로" 무장하고 있다고 말한다. 하나님은 당신을 어둠 속에 가두는 모든 것들에 맞서 싸우시는 분이다. 하나님은 그분께 속한 모든 것들을 자기에게 돌리려 하는 인간들의 본성에 맞서 싸우신다.

3:9 솔로몬 왕이 레바논 나무로 자기의 가마를 만들었는데

하나님의 아들이 자기의 인성이 거할 곳을 만드셨다. 영광의 왕이 자기 자신을 인간의 몸에 가두셨다. 그분은 육체의 몸을 입고 자신을 계시하셨다. 그분 안에서 하나님의 성품과 타락하지 않은 인간의 성품이 영원히 하나가 되었다. 영원하신 하나님이 한 인간으로 활동하셨다. 그분은 레바논 나무에서 내려오셨다. 즉, 족장들과 선지자들과 그리고 고매한 인격을 갖춘 것으로 알려진 왕들의 자리에서 내려오셨다.

하나님의 말씀은 믿는 자인 당신 안에도 거하신다. 그분은 위엄의 보좌에 앉으셔서 세상과 화목을 이루신다(고후 5:19). 그리스도는 모든 사람들 안에 자신을 위한 보좌를 만드신다. 그리고 거기에서 다스리시기 위해 그 보좌를 아름답고 위엄 있게 장식하신다. 그분은 당신 안에 있는 그 자리를 자기의 피로 사셨다. 그분의 은혜로 이 보좌가 거룩해졌다. 그분이 거기에서 왕으로 통치하시게 하라. 그리스도께서 정결한 마음을 가진 자들 안에서 다스리시는 것과 마찬가지로, 하나님이 예수님 안에서 다스리신다. 하나님은 그분께 저항하지 않고, 그분의 마음을 아프게 하지 않는 사람들을 찾고 계신다. 예수님은 그런 자들과 함께 하나님 나라를 세워 가시고, 그들을 자기와 같이 왕 노릇하게 하실 것이다. 왜냐하면 하나님 아버지께서 아들 예수 그리스도에게 하나님 나라를 맡기셨고, 자기의 영광을 그 아들과 함께 나누셨기 때문이다.

    왕 중의 왕이신 분의 보좌는 레바논 나무로 만들어졌다. 영적 건물의 토대는 구속 받은 인간들의 인성이다. 여기에서는 이것이 레바논 나무들로 표현되었다.

    신부는 그리스도가 통치하신다는 것을 보여 주는 실례이다. 그리스도의 신부 중 하나로서, 당신은 천상의 신랑에게 온전히 순종해야 한다. 그리스도의 신부들은 그리스도께 순종하는 영원한 행복을 추구하도록 서로를 격려해야 한다.

    이제 신부가 직접 신랑의 보좌에 대해 더 자세히 설명한다.

*3:10 그 기둥은 은이요 그 안의 보좌는 금이요
입구는 자색이라 그 안은 예루살렘 여자들을 위한
사랑으로 입혔구나*

예수 그리스도의 인성을 받치는 기둥들은 은으로 되어 있다. 그분은 가장 정련된 빛나는 은으로 나타나신다. 그리스도의 신성을 나타내는 보좌는 금으로 되어 있다. 그 입구는 예수 그리스도의 여정을 나타내는데, 예수님은 항상 하나님 아버지의 품안에 거하셨지만, 기꺼이 순종하여 인간이 되셨다. 예수님이 아버지께 돌아가 그분의 영광으로 들어갈 수 있는 유일한 길은 수난과 피 흘림뿐이었다.

내부는 금으로 장식되어 있다. 이것은 사랑이 모든 성령의 열매들 중 으뜸가는 영광이라는 것을 보여 준다. 예수 그리스도 안에는 지혜와 지식의 모든 보화가 감춰져 있다(골 2:3-9). 그리스도께 성령이 한량없이 부어졌다. 성령님은 하나님의 위엄 있는 보좌를 가득 채우고 계신다. 하나님은 성령님을 통해 그분의 사랑을 보여 주신다. 이것이 바로 예수님을 예표하는 솔로몬이 선택 받은 예루살렘 여자들에게 주는 사랑이다.

하나님이 사랑하시는 자들 안에 그분 자신을 위해 예비하시는 성소는 은 기둥들(성령의 은사들)로 되어 있다. 그분의 은사들은 은과 같이 빛나며 보좌의 기초를 이루는 재료가 된다.

보좌는 금으로 되어 있다. 당신은 그리스도가 쉴 수 있는 왕의 보좌가 되라고 부름 받았다. 이러한 높은 부르심을 이루기 위해 필요한 것은 오직 하나님뿐이다. 다른 어떤 토대도 필요치 않다. 다른 토대들은 모두 당신에게서 뽑혀 제거될 것이다.

당신은 많은 환난 가운데 하나님 나라에 들어간다(행 14:22). 그분과 함께 다스리려면 그리스도와 함께 고난을 받아야 한다(딤후 2:12). 천상의 신랑과의 깊은 연합을 경험하기 위해서는 환난과 고난이 당신의 것이 되어야 한다. 당신이 받게 될 환난과, 비난과, 죽음은 상상을 초월하는 것이다.

마지막으로, 성소의 내부는 사랑으로 덮여 있다. 하나님의 보좌는 모든 사랑의 열매들과 장식들로, 즉, 성령과 모든 선한 일의 열매들로 꾸며져 있다.

예루살렘의 딸들아, 너희 부르심을 기억하라! 너희 사랑을 그분께 드릴 때에, 왕 중의 왕이 너희에게 주고 싶어 하시는 것이 무엇인지 보라. 서로를 칭송하는 것이 신랑과 신부가 함께 세워 나갈 것의 토대가 된다.

*3:11 시온의 여자들아 나와서 솔로몬 왕을 보라
혼인날 마음이 기쁠 때에 그의 어머니가 씌운
왕관이 그 머리에 있구나*

그리스도는 시온의 딸들인 모든 믿는 자들에게 자기 자신에게서 나오라고 초청한다. 하나님께 영광의 면류관을 받아 쓰고 계신 당신의 왕을 보라. 그분은 정복하여 취한 전리품들을 두르고 계시는데, 그것들을 당신과 나누기 원하신다.

3장
각주

1) 경험이 없는 자들은 이 의견에 반대할지도 모른다. 하지만 주님을 그분 안에서 찾으려면 결국 자기(self)에게서 빠져나와야 한다. 따라서 그분을 먼저 내면에서 찾아보고, 그 후에 밖에서 찾으라고 돌려 말하는 대신, 먼저 밖에서 그분을 찾아보라고 말해 주는 것이 더 합당한 방향 제시일 것이다. 하지만 이것은 자칫 큰 실수로 이어질 수도 있다. 왜냐하면 초보자들은 분명하고 독특한 어떤 대상을 찾듯이 그분을 찾으려 할 것이기 때문이다. 그런 자들은 그분을 찾기 위해 하늘까지도 뒤지려 할 것이다. 이런 식으로 하면, 다윗처럼 하나님을 찾기 위해 내면을 살펴보고, 영혼의 모든 힘을 모으기 전에 힘을 잃고 기진맥진하게 될 것이다. 믿는 자들의 영적인 힘은 내면에 집중될수록 강해져서 바르게 기능하는 데 문제가 없어진다. 믿는 자들의 영은 중심에서 멀리 떨어져서 보면 다양하고 독특하게 기능한다. 하지만 내면 깊은 곳에서 연합되면, 그것들은 분리되지 않는 것은 아니지만, 분리되지 않은 단일체가 된다. 그리고 주님을 추구하는 집중된 능력을 덧입게 된다. 내적이고 영적인 사람이 되려면, 먼저 내면에서 주님을 찾아야 한다. 하지만 일단 내면에 도달하면 우리가 처음 시작한 복잡한 외부 세계로 돌아가는 것이 아니라, 주님께 도달하기 위하여 자신을 통과함으로 거

기서 벗어나야 한다. 이렇게 자기를 벗어나는 것은 안으로 들어갔던 과정의 영향을 받지 않고, 자기 자신을 초월하여 지나감으로, 즉 자기 중심에서 창조자의 중심으로 나아감으로 성취된다. 믿는 자의 영은 일종의 숙소처럼 여겨질 수 있다. 이곳은 여행자가 반드시 거쳐가야 하는 곳이지만, 그곳을 떠날 때는 왔던 길로 다시 돌아갈 필요 없이, 오히려 높은 길로 계속해서 나아가야 한다. 숙소로 돌아가는 길은 우리가 중심에서 벗어나는 만큼 점점 멀어진다. 이와 같이 우리가 자기 중심에서 멀어질수록, 그만큼 감정과 시각에서 우리 자신을 더 멀리하는 셈이다. 우리는 내면의 자아에 도달하자마자, 거기에서 주님을 발견하고, 이미 이야기한 것처럼 다시 우리 자신을 지나 앞으로 전진하라는 초청을 받게 된다. 그러면 진정 그분 안으로 들어갈 수 있다. 왜냐하면 그분이 실제로 발견되는 곳이 바로 그곳이기 때문이다. 그곳에는 자아가 더 이상 존재하지 않는다. 멀리 떠날수록, 우리는 그분 안으로 더욱 깊이 들어가고 우리 자신으로부터는 더욱 멀어지게 된다. 따라서 하나님 안에서 우리의 성장은 우리 자신으로부터, 즉 우리의 시각, 감정, 기억, 자기 관심, 자기 반성(self-reflection)에서 얼마나 멀리 떠났는가로 측정되어야 한다. 그리스도인은 자기 중심을 향해 나아가는 동안 철저하게 자기 반성(self-reflection)에 빠지게 된다. 그리고 그 중심에 가까이 갈수록, 자기 반성은 더욱 강해진다. 하지만 거기에 도달하게 되면, 자기 자신을 바라보는 일을 멈추게 된다. 이것은 우리에 관한 모든 것은 보지만, 정작 우리 안에 있는 것은 보지 못하는 것과 같다. 또한 우리는 자기 자신을 넘어가는 것만큼 자기를 보지 못하게 된다. 왜냐하면 얼굴이 다른 쪽을 향하고 있기 때문이다. 그는 돌아볼 수 없다. 따라서 처음에는 유익했던 자기 반성이 나중에는 매우 해로운 것이 될 수 있다. 처음에 우리의 시선은 자기를 향해 있었고 매우 많은 것들을 응시하고 있었다. 그러다가 자기 중심적인 방향은 바뀌지 않지만, 단순해지고 덜 복잡해진다. 조금 더 시간이 지나면, 우리의 영혼은 오직 하나만 바라보는 은혜를 입게 된다. 한눈에 알아보고 숙소로 향하는 여행자가 오직 거기에만 초점을 맞추다가, 안으로 들어간 후에는 더 이상 그럴 필요가 없는 것처럼, 중심에 다다른 믿는 자들은 더 이상 자기를 볼 필요가 없다. 물론, 그는 자기 상태를 어떤 식으로든 인지할 것이다. 하지만 그가 자기 중심을 지나가게 되면, 더 이상 자기를 느끼지도, 인지하지도 못한다. 그리스도 안에서 전진해 갈수록, 그는 자기 자신을 덜 발견하고, 마침내 그리스도의 심연(abyss)에 온전히 잠기게 된다. 더 이상 그분 외에는 어떤 것도 느끼지도, 알지도, 분별하지도 못한다. 이때에는 심사숙고하는 모든 것들이 해롭고 쓸모없는 것이 된다. 그런 것들은 그리스도인들을 하나님에게서 멀어지게 하여 자기 자신에게 다시 돌아가게 하기 때문이다. 이제, 자기를 초월하는 이러한 통과는 의지를 복종시킴으로 성취된다. 이 상태에 이르게 되면 일종의 안정감이 찾아올 것이다. 그리고 그런 상태가 진행될수록, 더욱 굳건해지게 된다. 왜냐하면 자기를 통과한 사람은 여전히 자기와 자기 중심에 이르기 위해 애쓰는 사람과는 기능적인 면에서 완전히 다르기 때문이다. 자기를 통과한 사람이 다시 자기와 자기 중심에 이르기 위해 애쓰는 사람의 길로 돌아가는 것은 불가능하지는 않지만, 매우 어렵다. 따라서 우리는 자기를 통과한 사람들이 자기(self)와 상당한 거리를 두는 것을 보게 된다. 그리고 변화를 갈망하는 사람들은 계속해서 영적인 삶을 살기 위해 노력해야 한다. 이미 그리스도 안에 들어간 사람을 왔던 길로 다시 돌아가도록 강요하는 것은, 소화되어 대장과 소장으로 들어간 음식을 입으로 다시 나오게 하려는 것과 같다. 그렇게 한다면 끔찍스러운 고통과 죽음의 전조가 뒤따르게 될 것이다. 하지만 음식이 위장에 머물러 있는 동안에는 토하여 뱉어낼 수도 있을 것이다. 이것은 우리가 자기 안에 머물러 있는 동안에는, 존재의 중심을 향하여 전진해 나아간 만큼 쉽게 우리의 길로 되돌아갈 수 있는 것과 같다. 하지만 자기의 중심을 지나간 후, 이전의 자기 중심적인 길로 되돌아가는 것은 매우 어렵고, 심지어는 거의 불가능하다.

이신칭의 by 잔느 귀용

자신의 이기적인 의도나 동기나 계략 같은 것은 조금도 허락되지 않는다. 당신의 단순함이 온전해지면, 행동하기 전에 어떤 불필요한 생각도 하지 않게 된다.

Song of Songs

Chapter 4

4:1 *내 사랑 너는 어여쁘고도 어여쁘다 너는 내면*(너울)
  속에 숨겨진 것 외에도 비둘기의 눈을 가지고 있구나
  네 머리털은 길르앗 산기슭에서 보이는 염소 떼 같구나

아직 온전하지는 않지만, 신랑은 당신이 이전보다 훨씬 더 아름답다는 것을 발견한다. 당신의 결함들은 더 이상 노골적인 죄악들이 아니다. 그것들은 오히려 당신의 독립적인 성품 안에 있는 흠들이라 할 수 있다. 이전보다 더 아름다움에도 불구하고, 당신은 그것을 아직 확신하지 못하고 있다. 왜냐하면 신랑이 그분의 가장 깊은 내실에서 당신을 거절하셨기 때문이다.

신랑은 당신이 사랑스럽다는 것을 확증해 주신다. 당신의 외적인 아름다움보다 더 뛰어난 내적 아름다움은 여전히 눈에 띄지 않고 있다.

신실하고 단순한 당신의 눈은 비둘기의 눈 같다. 성경이 적극적으로 권장하는 단순함은 하나님의 선하신 기쁨을 확신할 때에만 행동한다. 자신의 이기적인 의도나 동기나 계략 같은 것은 조금도 허락되지 않는다. 당신의 단순함이 온전해지면, 행동하기 전에 불필요한 생각을 조금도 하지 않게 된다. 이웃들을 단순하게 대한다는 것은 과시나 허세 없이, 오만하지 않게 진심으로 행동한다는 의미이다. 이러한 삶이 그리스도께서 매우 소중하게 여기시는 비둘기의 눈과 마음이다.

머리털은 영에서 흘러나오는 애정을 나타내며, 당신을 이 땅의 것들과 분리시킨다. 하나님을 향한 일편단심은 그분께 도달할 때까지 가장 훌륭한 은사들 위로 올라간다. 이런 식으로, 하나님을 위해 모든 것을 포기한 사랑은 길을 찾아 가장 가파른 산을 오르는 염소들과 비슷하다.

4:2 네 이는 고르게 털을 깎고 시원하게 목욕하고
     나온 양 떼 같구나 그들은 모두 쌍태를 낳았으니,
     새끼를 낳지 못하는 것은 하나도 없구나

여기에서 '이'는 당신이 알고 싶은 것들을 씹고 소화하는 데 도움이 되는 이해와 기억을 나타낸다. 이해와 기억과 상상력은 이미 정결해졌다. 혼란스러운 것은 더 이상 존재하지 않는다. 이가 고르게 털을 깎은 양 같다는 것은 하나님과 당신이 하나되어 단순해진 상태를 찬양하는 것이다.

이 시점에 당신은 스스로 행동하고자 하는 지나친 성향을 벗게 될 것이다. 그리고 꾸준히 열매 맺게 될 것이다. 사실 당신은 두 배의 더 좋은 열매를 맺게 될 것이다. 그때, 이해와 기억과 상상력 등의 은사들 자체는 당신의 주된 관심사가 되지 못하고, 오히려 그분 안에 감춰질 것이다.

4:3 네 입술은 홍색 실 같고, 네 입은 어여쁘다
너울 속의 네 뺨은 석류 한쪽 같구나

입술은 의지를 나타낸다. 의지는 사랑하는 대상에 애정을 담아 입맞춘다. 당신의 의지가 하나님만 사랑하게 되면, 모든 애정이 오직 그분께 향하게 된다. 여러 가지로 분산되어 있던 애정들이 하나님을 향한 일편단심으로 다시 연합된다. 모든 강한 의지들이 하나님께 드려진다.

그분은 "네 입이 어여쁘다"라고 덧붙이신다. 하나님 외에 아무도 이해할 수 없는 언어가 마음속에 있고, 신랑과 신부 사이에만 공유되는 비밀들이 있다.

"네 뺨은 석류 한쪽 같구나." 석류에는 많은 씨가 있는데, 모두 한 외피 속에 들어 있다. 이와 같이 당신의 모든 생각들이 정결하고 온전한 사랑으로 하나님 안에서 재정비된다. 여기에 묘사된 모든 것들은 아직도 영혼의 깊은 곳에 숨겨져 있는 것들에 비하면 아무것도 아니다.

4:4 네 목은 다윗의 성채와 같다.
그것은 요새로 세워졌으며, 그 위에 천 개의 방패와
용사의 모든 무기들이 걸려 있다

목은 힘을 상징한다. 여기에서 목을 다윗의 성채에 비유했는데, 당신의 참되고 유일한 힘이 오직 하나님 안에 있기 때문이다. 다윗은 예수 그리스도의 집을 상징한다. 다윗은 시편에서 하나님만이 그의 피난처요, 방패요, 견고한 망대라고 여러 차례 고백했다(시 61편).

당신을 둘러싸고 보호해 주는 요새는 주님께 완전히 자기를 내어 드림으로 세워졌다. 신뢰와 믿음과 소망이 이러한 포기를 가능하게 도와주었다. 당신이 약해질수록, 그만큼 하나님 안에서는 강해진다. 천 개의 방패가 수많은 적의 공격을 막기 위해 이 요새에 걸려 있다. 적들은 보이기도 하고 보이지 않기도 한다. 용사의 무기들은 하나님 안에 머무는 동안 당신을 보호해 줄 것이다.

4:5 네 두 유방은 백합화 가운데서 꼴을 먹는
    쌍태 어린 사슴 같구나

당신은 다른 사람들을 양육하기 위해 도움을 받는다. 다른 사람들을 돕는 당신의 능력이 쌍태 어린 사슴에 비유되고 있다. 당신은 항상 주의를 기울이다가, 도움이 필요한 사람을 발견하면 재빨리 움직인다. 모든 도움은 예수 그리스도로부터 온다. 그에게 나아가는 자들은 "백합화 가운데서"(즉, 예수님의 정결함 가운데서) 꼴을 먹는다.

4:6 날이 저물고 그림자가 사라지기 전에, 내가 몰약 산과 유향의 작은 산으로 가리라

　　신랑이 당신에 대한 칭찬을 멈추고, 산으로 따라오라고 초청하고 계신다. 이곳은 몰약이 자라고, 유향이 수집되는 작은 산이다.

　　아버지가 나타나시는 그날, 당신은 새 생명을 얻게 될 것이다. 당신의 순수한 믿음을 어둡게 하는 그림자들은 모두 사라지게 될 것이다. 그때까지는 십자가를 제외한 그 어디에서도 그분을 발견하지 못할 것이다. 하지만 이 몰약의 산은 하나님께 달콤한 것이 될 것이다. 당신의 고통은 그분을 향해 향처럼 피어오른다. 고통 가운데 그분이 당신의 내면으로 들어오셔서 쉼을 얻을 얻게 해 주신다.

4:7 나의 사랑 너는 어여쁘고 아무 흠이 없구나

　십자가에 빠져들기까지 당신은 어여쁠 수 없다. 이제 당신은 많은 고난과 고통에 묻혔기 때문에, 어여쁜 사람이 되었다. 아무 흠도 없다.
　당신 안에 존재하던 이전의 거칠고, 완강하고, 제한된 성품들이 사라졌다면, 이제 하나님과의 지속적인 연합을 위해 준비된 셈이다. 이렇게 변화된 모습은 결코 하나님의 마음을 상하게 하지 않는다. 아담으로부터 온 옛 성품은 반드시 제거되어야 한다.
　당신의 아름다움은 십자가를 통해 완전히 무너져 버렸다. 물론, 이것은 사람들의 관점에서 그렇다는 것이다. 하지만 그분의 눈에 당신은 너무도 아름답다. 더 이상 당신 안에서 어떤 아름다움도 보이지 않는데, 이것이 당신의 참된 아름다움이 되었다.

4:8 내 신부야 너는 레바논에서부터 나와 함께하고
레바논에서부터 나와 함께 가자 아마나와 스닐과
헤르몬 꼭대기에서 사자 굴과 표범 산에서
나와 면류관을 받게 될 것이다

여기에서 신랑이 당신을 "신부"라 부르고 있다. 신랑은 당신과 빨리 연합되고 싶은 마음에 초청하고 계신다. 결혼식과 대관식으로 나아오라고 당신을 부르신다.

하지만 "나의 사랑하는 신랑이여! 내가 이런 말을 해도 되는지 모르겠습니다. 당신은 왜 그렇게 진지하게 지속적으로 신부를 완성의 장소로 초청하고 있나요? 물론, 신부가 그것을 매우 갈망하기는 합니다. 당신은 신부가 예루살렘에 있음에도 레바논에서 나오라고 부르고 있는데, 그녀를 이 거대한 산의 높이와 견주고 있는 것입니까? 당신의 눈에는 그녀가 그렇게도 높게 보이나요? 영원히 당신과 연합되기 전까지, 그녀에게는 할 일이 거의 없습니다. 하지만 당신의 침실로 나아갈 때에, 그녀는 60명의 강한 사람들(용사들)에게 도전을 받습니다. 당신은 그녀가 다른 무엇보다도 추구하고 귀하게 여기던 보물로 달콤하고 강력하게 이끄신 후, 지고한 행복에 근접했을 때 돌려보내셨습니다. 이것은 너무 잔인하지 않습니까? 결혼을 위해 그녀를 초청하여 불러 준비시키시고, 그녀가 얻게 될 것들을 미리 맛보게 하셨습니다. 그로 인해 그녀는 매우 흥분했습니다. 그런데 당신은 약속하신 선물을 지체하심으로 그녀가 심한 고통을 당하게 하십니다."

신랑은 "나의 신부야, 나아오라. 네가 정말 나의 신부가 되기 전에 해야 할 일이 한 가지 있단다"라고 말씀하신다. 지금까지는 당신을 "나의 어여쁜 자, 나의 사랑하는 자, 나의 비둘기" 등으로 부르셨지만, 한 번도 "나의 신부"라 부르지는 않으셨다. 이 얼마나 달콤한 부르심인가! 그런데 정말로 그분의 신부가 되면 얼마나 더 달콤하겠는가?

가장 높은 산꼭대기에서(산이 상징하는 지고한 덕행들을 행하는 것으로부터) 나아오라. 그러한 덕행들이 아무리 고상하다 해도, 당신은 아직도 더 높이 올라가야 한다. 또한 사자 굴과 표범 산에서 나아오라. 왜냐하면 당신은 인간들과 마귀들의 가장 잔인한 핍박을 견디지 않고는 그렇게 높은 곳에 이를 수 없기 때문이다. 당신이 그분의 신부로 면류관을 쓸 준비가 되었으므로, 이제 모든 것 위로 올라갈 때가 되었다. 당신은 바로 이 정상에서 신랑과 함께 아버지의 품으로 들어갈 것이다. 당신은 거기에서 참다운 쉼을 발견할 것이다. 왜냐하면 그 정상에 오르기 위하여 모든 것들을 포기해야만 했기 때문이다.

4:9 내 누이, 내 신부야 네가 내 마음을 빼앗았구나
  네 눈으로 한 번 보는 것과 네 목의 구슬 한 꿰미로
  내 마음을 빼앗았구나

"너는 내 누이이다. 왜냐하면 우리의 아버지가 같기 때문이다. 너는 또한 내 신부이다. 왜냐하면 너는 이미 나와 약혼을 했기 때문이다. 내 누이 내 신부야!" 이 말은 괴로워하고 있는 신부에게 얼마나 달콤한 말인지 모른다. 신부는 자기가 사모하고, 자기를 사랑하는 아름다운 분을 소유할 수 없는 것으로 인해 슬픔에 빠져 있었기 때문이다.

그분은 "네가 내 마음을 빼앗았구나!"라고 말씀하신다. 당신을 지켜본 신랑은 모든 고통과 고난에도 당신의 시선이 그에게서 돌아서지 않았음을 아신다. 당신은 상처를 잊고 살아왔다.[1] 당신은 어떤 식으로든 그분께 상처 받지 않았다. 당신은 계속해서 주님을 응시하고 있으며, 자신의 유익은 구하지 않는다. 온전한 사랑으로 그분의 유익만을 구하고 있다. 그분만이 당신이 사랑하는 유일한 대상이다.

"그분이 어디에 계신지 알지 못할 때, 어떻게 계속해서 그분만 바라볼 수 있습니까?" 하고 질문하고 싶을지도 모른다. 당신은 항상 그분만 바라보고 있다는 것을 인식하지 못할 만큼 시선이 매우 정결해졌다. 당신은 항상 자기 자신과 다른 모든 피조물들을 잊고,[2] 내면의 눈을 오직 하나님께 고정시켜야 한다.[3] 모든 감정을 그분께 집중시켜라. 당신의 의지를 온전히 그분께 던져라.

4:10 내 누이, 내 신부야 네 가슴(사랑)이 어찌 그리
아름다운지 네 가슴은 포도주보다 진하고
네 기름의 향기는 각양 향품보다 향기롭구나

신랑은 당신이 그분을 위해 성취할 모든 승리들을 미리 보고 계신다. 그분은 당신이 많은 사람들을 어떻게 영적으로 양육할지 보고 계신다. 전진할수록, 당신은 더 많은 사람들을 양육할 수 있을 것이다. 신랑은 굶주린 자들을 위해 계속해서 당신을 말씀의 젖으로 배부르게 하실 것이다. 그렇기 때문에 그분이 "내 누이 내 신부야 네 가슴이 어찌 그리 아름다운지!"라고 말씀하신 것이다. 그것이 포도주보다 아름다운 것은 포도주도, 젖도 먹일 수 있기 때문이다. 장성하여 강한 자들에게는 포도주를, 어린아이들을 위해서는 젖을 먹일 수 있다.

당신의 기름—이것 때문에 많은 사람들이 신랑에게 이끌린다—은 다른 어떤 향품보다 향기롭다. 당신 안에는 성숙한 자들만 인식할 수 있는 향기가 있다. 그런 자들은 당신을 통해 더욱 그분께 이끌리게 될 것이다. 알 수 없는 이 향기는 이러한 신비를 보지 못하는 자들을 깜짝 놀라게 할 것이다. 그럼에도 그들은 그것이 저항할 수 없는 향기라는 것을 인정하게 될 것이다. 이 향기는 틀림없는 성령의 기름부음으로 오직 그리스도만 그의 신부에게 전해 주실 수 있다.

*4:11 내 신부야 네 입술에서는 꿀방울이 떨어지고
네 혀 밑에는 꿀과 젖이 있고 네 의복의 향기는
레바논의 향기 같구나*

　당신은 유모 같아진다. 풍요로움이 당신에게서 흘러나온다. 입술에서는 꿀방울이 떨어져 당신이 만지는 모든 것들에 향기로움을 더한다. 하지만 당신의 말이 당신이 지닌 풍요로움의 근원은 아니다. 그 근원은 당신 안에 계신 신랑이다. 당신의 입술은 그분의 말을 위해 신랑에게 사용될 뿐이다. 그분은 당신의 혀 밑에 꿀과 우유를 두셔서 부족한 자들에게 나눠주게 하셨다.

　당신은 그 향기로움에 취하게 될 사람들에게 꿀 같고, 대단히 단순하고 어린아이 같은 자들에게는 우유 같다. 당신의 선한 행위에서 나오는 달콤한 향기가 사방에 가득하고, 당신을 의복처럼 두르고 있다.

4:12 내 누이, 내 신부는 잠근 동산이요 덮은 우물이요 봉한 샘이로구나

신랑은 무엇이 자신을 즐겁게 하는지 보여 주려고 신부를 찬양하신다. 그분에게 당신은 잠근(울타리를 두른) 동산처럼 둘러싸여 있다. 안팎에 모든 것이 온전히 그분만을 위한 것이다. 당신의 모든 행위는 오직 그분만을 위한 것이다. 당신은 사방으로 둘러싸여 있다.

주님과 친밀한 연합을 맺고 있는 당신은 계속해서 땅에 물을 공급하는 샘이다. 신랑이 당신을 잘 봉해 두었기 때문에 그분의 지시 없이는 한 방울도 흘러나가지 못한다. 당신의 내면에서 나오는 물은 수정같이 맑다. 그것이 하나님으로부터 나오기 때문이다.

*4:13 너의 식물들은 각종 아름다운 과수와 고벨화와
나도풀과 더불어 풍성한 석류들이다*

신부는 각종 과수들과 석류로 가득해질 만큼 많은 열매들을 맺게 될 것이다. 석류나무가 그 열매의 씨앗들에 영양분을 공급해 주는 것처럼, 하나님의 영은 신부에게 다른 상황들 속에서 다른 방법들로 자신을 계시하실 것이다.

이 구절은 교회와 관련된 것이다. 이 정원에는 많은 종류의 과일들이 있다. 성도들에게는 일반적인 특징들뿐만 아니라 저마다 독특한 특징들이 있다. 어떤 사람은 사랑이 많고, 어떤 사람은 온유함이 탁월하며, 또 어떤 사람은 고난을 통해 좋은 본을 보이는 데 뛰어나다. 또 어떤 이는 기도하고, 묵상하고, 평강을 누리는 일에 뛰어나다. 그러나 모두가 십자가에 못 박힌 신랑으로 인해 풍성한 열매를 맺게 된다.

4:14 나도와 번홍화와 창포와 계수와 각종 유향목과
몰약과 침향과 모든 귀한 향품이요

신랑은 계속해서 신부를 칭찬하신다. 많은 사람들이 그녀 안에서 행하시는 신랑의 선한 모습에 그분께 이끌림 받는다. 그녀는 자기를 통해 그분께 이끌림 받는 모든 자들을 돌보며, 각각의 필요에 맞게 나누어 준다.

*4:15 너는 동산의 샘이요 생수의 우물이요
레바논에서부터 흐르는 시내로구나*

동산의 샘은 주님 자신이시다. 그리스도 외에 누가 영적 생명이 솟아나 자라게 하는 은혜의 근원이겠는가? 신랑이 생명수 우물이시다. 이 물들은 신부를 통해 신랑으로부터 흘러내린다. 레바논 산은 하나님의 깊은 곳을 상징하는데, 거기에서부터 시냇물이 흐른다. 이 시냇물은 진정으로 그리스도와의 깊은 교제를 원하는 사람들, 곧 온 땅에 넘쳐흐르고 있다. 당신은 열매를 즐기기 위해 모든 일들을 기꺼이 인내해야만 한다.

4:16 북풍아 일어나라 남풍아 오라
　　　나의 동산에 불어서 향기를 날리라

생명의 영이신 성령님을 초청하여 당신을 통해 숨쉬게 해 드리라. 당신의 정원이 꽃과 열매들로 가득해져서, 그 향기가 다른 사람들을 그리스도께 이끌기를 소망하라. 신랑은 당신이 빨리 부활하여 성령의 호흡으로 새 생명을 얻기를 원하신다. 성령이 당신에게 새 생명을 주실 것이다.

4장
각주

1) 내가 이미 언급한 대로 이런 상처들은 내적으로는 신랑이 떠나갔기 때문이며(이것은 영혼이 겪는 가장 힘든 고통일 것이다), 외적으로는 사람들과 악한 영들의 핍박 때문이다.

이신칭의

2) 신부는 신랑이 부재하는 내내 자신이나 세상에 몰두하지 않았다. 그렇게 신실하지 못한 삶을 이미 오래전에 버렸다. 그녀는 사랑하는 분의 임재를 상실했다고 생각하지만, 그런 상실감으로 인한 슬픔이 그분의 영원한 임재를 표현해 주지 않는가?

이신칭의

3) 이렇게 내면의 눈을 그리스도께 고정시키는 것은 무의식적으로 온전히 유지되어야 한다. 그러면 신부는 신랑을 결코 잊지 않을 것이다. 신부가 오직 하나의 목적을 위해 더 이상 자기에게 주의를 기울이지 않고 그 마음이 끊임없이 주님께 향하고 있음에 주목하라. 이처럼 그녀는 주님을 마음 밖에 둠으로 저항을 받지 않고 죄를 짓는 사람들의 실수에서 자유하게 되었다.

이신칭의

Song of Songs

Chapter 5

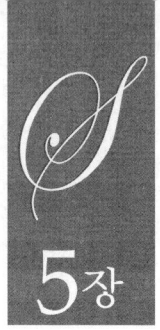

5:1 나의 사랑하는 자가 그 동산에 들어가서
     그 아름다운 열매 먹기를 원하노라(4:16) 내 누이,
     내 신부야 내가 내 동산에 들어와서 나의 몰약과
     향 재료를 거두고 나의 꿀송이와 꿀을 먹고
     내 포도주와 내 젖을 마셨으니 나의 친구들아
     먹으라 나의 사랑하는 사람들아 많이 마시라

당신은 꽃과 과일이 가득한 아름다운 정원 같다. 사랑하는 임을 초청하여 정원을 즐기시게 하라. 당신은 그분 없이 당신의 정원을 즐길 수 없다. "당신의 정원에 오셔서 당신을 위해, 그리고 그 열매를 나누고 싶은 사람들을 위해 모든 것을 취하십시오."

신랑은 사랑하는 자의 정원에 기쁨으로 들어가신다. 그분은 모든 것들을 취하실 것이다. 그러나 먼저 친구들을 위해 차려 놓은 식탁에서 드신다는 것을 당신이 알기 원하신다.

신랑은 당신을 위해 몰약을 거두셨다. 몰약은 당신이 그리스도와 함께 걸을 때에 경험하게 될 고난이다. 하지만 몰약은 향기로운 향 재료와 함께 거두어졌다. 이 향 재료는 신랑을 위한 것이고, 몰약은 신부를 위한 것이다.

신랑은 사랑의 달콤함을 즐기신다. 그분은 신부의 관대함에 매료되어 모든 친구들을 초대하여 신부 곁에서 먹고 마시게 하신다. 당신은 열매가 가득한 정원이며, 우유와 꿀에 젖어 있다. 당신은 그분을 통해 모든 사람들의 영적 필요를 채워 줄 수 있는 풍성한 자원들을 갖게 되었다.

교회는 그리스도를 초대하여 자신이 맺은 열매를 드시게 한다. 신랑은 육체로 오셨을 때 그의 정원에 들어오셨다. 심지어 신부가 거두기 전에 몰약과 향 재료들을 거두셨다. 그분은 수난의 아픔을 겪으셨고, 그것을 통해 달콤한 향기를 아버지께 올려 드리셨다.

예수님은 꿀송이와 꿀을 함께 드셨다. 주님은 자기가 선포한 말씀을 실천하셨고, 자신이 먼저 겪지 않은 것은 어떤 것이라도 당신에게 요구하지 않으신다. 당신은 그분의 은혜로 그분이 요구하시는 모든 것을 행할 수 있다. 예수님의 생명은 당신 안에서 꿀송이와 같다. 이 꿀송이의 달콤함은 행복 자체이며, 주님은 이것을 아버지와 나누신다.

당신이 사랑하는 분은 "내 포도주와 젖을 마셨다"고 말씀하신다. "사랑하는 주님, 주님 자신을 완전히 잊게 하는 그 포도주는 도대체 어떤 포도주입니까?" "이 포도주는 너희들을 위해 내 안에서 넘쳐나는 사랑의 포도주란다." 주님은 자신에 대해 잊고, 오직 백성의 구원에 대해서만 생각하셨다. 사랑으로 충만하신 주님은 모든 비난과 조롱을 견뎌내셨다. 자기의 모든 살과 피를 내어 주셨다. 최후의 만찬에 사용된 포도주는 그분의 수난을 준비하는 것이었다. 포도주는 그분의 신성을, 젖은 그분의 인성을 나타내며, 이 둘은 그리스도 안에서 혼합된다.

구원자는 자기에게 속한 모든 사람들을 초청하여 자신의 고통과 비난을 함께하신다. 그분의 본은 포도주와 젖 같다. 포도주는 하나님의 뜻에 순종할 수 있는 힘과 용기이고, 젖은 예수님의 달콤한 가르침이다. 당신은 예수 그리스도의 말씀을 듣고 그분같이 되라는 초청을 받고 있다.

> 5:2 내가 잘지라도 마음은 깨었는데 나의 사랑하는 자의
> 소리가 들리는구나 문을 두드려 이르기를
> 나의 누이, 나의 사랑, 나의 비둘기, 나의 완전한
> 자야 문을 열어 다오 내 머리에는 이슬이,
> 내 머리털에는 밤이슬이 가득하였다 하는구나

당신은 깊은 잠을 자고 있는 육체처럼 죽은 것같이 보여도, 당신의 영은 하나님과의 비밀스러운 연합을 이루고 있다. 그리스도인으로 성장해 갈수록, 당신은 하나님이 낮보다 밤중에 더 강력하게 당신 안에서 일하시는 것을 경험하게 될 것이다.

잠자는 동안에도 당신 안에서 들려오는 사랑하는 임의 음성을 분명히 들을 수 있을 것이다. 그분은 당신에게 자신의 음성을 들려주고 싶어 하신다. "모든 사람들 중에서 나의 신부로 선택된 나의 사랑아, 내가 왔다. 너는 나의 단순한 비둘기, 완전하고 아름답고 정결한 나의 신부란다. 너를 위해 내가 당한 모든 것이 내 머리를 온통 덮고 있는 것을 보아라. 나는 가장 잔인한 핍박을 받아 흘린 것들로 흠뻑 젖었다. 내가 이제 너에게 왔다. 고난과 비난 그리고 심지어 혼란까지도 나와 함께 견뎌내지 않겠느냐?"[1]

당신은 지금까지 십자가의 쓴맛만 경험했다. 하지만 이제는 십자가가 주는 혼란과 치욕을 경험하게 될 것이다. 모든 경험들이 저마다 다르고 끔찍할 것이다.

5:3 내가 옷을 벗었으니 어찌 다시 입겠으며 내가 발을 씻었으니 어찌 다시 더럽히랴?[2]

알다시피 신랑은 당신을 그분의 고통에 참여시키려 하시지만, 당신은 안타깝게도 그것을 두려워하고 있다. 당신이 견뎌야 할 수치를 두려워하고 있다. 이전에는 십자가를 담대하게 받아들였지만, 이제는 십자가의 수치와 오명을 지고 싶어 하지 않는다.

당신은 다가오는 수치를 바라보면서 두 가지를 두려워하고 있다. 하나는 이전에 버린 것들, 즉 당신 자신과 당신의 연약함에 압도될 수 있다는 것이다. 다른 하나는 창조자보다 피조물에 더 관심을 갖게 되지 않을까 하는 것이다.[3]

당신은 술람미 여인처럼 당신의 옛 방식들, 즉 흠과 이전의 삶을 벗어버렸다. 그런데 그것들을 어떻게 다시 입을 수 있겠는가? 다른 어떤 것도 당신에게 그렇게 깊은 수치와 혼란을 줄 수는 없을 것이다. 사람들이 어떤 이유로 당신을 미워한다면, 그런 것은 견디기 쉬울 것이다. 왜냐하면 당신은 핍박이 하나님을 영화롭게 한다는 것을 알고 있기 때문이다. 신랑을 향한 당신의 애정은 이미 정결하다. 그런데 어떻게 다시 세상의 길로 되돌아갈 수 있단 말인가?

가련하고 눈먼 인생이여! 당신은 무엇에 맞서 싸우고 있는가? 신랑은 단지 당신의 신실함과, 당신이 정말로 그분의 뜻을 행할 준비가 되어 있는지 시험하시려는 것이다. 그분은 사람들에게 무시당하고 거절당하셨으며, 하나님께 매를 맞고 고초당하셨다(사 53장 참조). 순전함 자체이신 그분이 죄인들과 함께 계수되셨다. 하지만 당신은 죄로 가득 함에도 불구하고 죄로 고발당하는 것을 견딜 수 없어 한다.

    핍박과 함께 오는 수치가 싫어서 아무리 저항해도 당신은 그분의 고난에 동참하라는 부르심을 거부하기가 어렵다는 것을 발견한다.

5:4 내 사랑하는 자가 문틈으로 손을 들이밀매 내 마음이 움직여서

당신의 저항에도 신랑은 자기 부인의 틈새로 그분의 손을 밀어넣으신다.[4] 이 단계에 이르면, 당신은 하나님이 요청하시는 것을 거부하지 못할 것이다. 하지만 그분이 자신의 계획을 상세히 계시하시고 당신의 순종에 대한 권리를 주장하실 때, 당신은 그분의 만지심에 깊은 감명을 받지만, 아직도 문제가 있다는 것을 발견한다. 당신은 그분의 만지심에 떨며, 그분이 당신에게 요구하시는 뜻에 괴로움을 느낀다.[5] 욥은 "나의 친구야 너희는 나를 불쌍히 여겨다오 나를 불쌍히 여겨다오 하나님의 손이 나를 치셨구나(욥 19:21)"라고 말했다. 당신은 이와 같이 하나님의 만지심에 떨고 있다.

사랑하는 주님, 당신은 신부가 당신의 뜻을 행하기를 얼마나 바라시는지요! 단순한 변명 하나가 당신의 마음을 얼마나 상하게 하는지요? 당신은 사랑스럽고 신실한 신부가 당신을 거부하는 것을 막으실 수는 없었나요?[6]

이 모든 것은 당신이 온전해지는 과정에 꼭 필요한 것들이다. 신랑은 당신에게 자신의 흠을 보게 하심으로 자기 만족에서 구원하려 하신다. 당신은 이미 어느 정도의 순수함과 정결함을 유지하고 있다. 하지만 거기에 머물러서는 안 된다. 어떤 의미에서 당신은 자신의 의로움을 벗어버렸다. 당신이 가지고 있는 유일한 의로움은 신랑께 속한 것이다. 하지만 당신은 여전히 이러한 의로움을 고수하면서, 당신 안에 있는 그분의 생명을 자기 공로로 삼고 싶은 유혹을 받는다.

5:5 일어나 내 사랑하는 자를 위하여 문을 열 때
몰약이 내 손에서, 몰약의 즙이 내 손가락에서
문빗장에 떨어지는구나

당신은 자신의 흠들을 인식하자마자 회개할 것이다. 그리고 모든 것을 포기하려는 결심을 새롭게 할 것이다! 하지만 이런 희생에는 반드시 고통과 아픔이 따라오게 되어 있다. 당신의 연약함 위에 고통이 더해질 것이며, 당신이 느끼는 아픔은 지금까지 경험한 어떤 것보다 깊을 것이다.

> 5:6 내가 내 사랑하는 자를 위하여 문을 열었으나 그는
> 벌써 물러갔네 그가 말할 때에 내 혼이 나갔구나
> 내가 그를 찾아도 못 만났고 불러도 응답이 없었구나

이제 당신과 사랑하는 분 사이에 존재하던 모든 장애물들이 제거되었다. 주님께 온전히 복종하지 않은 채로 어떻게 그분과 온전한 연합을 이룰 수 있겠는가? 마지막 장애물을 제거하는 것이 하늘과 땅에서 가장 대담한 포기이며 가장 순결한 희생이다.

당신은 사랑하는 분을 위해 문을 열어 놓았고[7] 그분이 들어오셔서 만지심으로 야기되었던 슬픔을 치유하실 거라고 생각한다. 하지만 치유가 급속히 임하지는 않을 것이다. 그분은 자신을 감추기도 하시고, 돌아서서 사라지시기도 한다. 신랑은 당신의 불순함과 지연으로 야기된 고통만 남겨 둔 채 떠나 버리셨다.

하지만 신랑은 선하신 분이다. 그분은 자신을 숨기실 때에도 계속해서 당신에게 큰 은총을 베푸신다. 시련이 길고 힘겨울수록, 더욱 풍성하게 은총을 베푸실 것이다.

신랑은 심지어 지금도 당신 안에서 이러한 은총을 베풀고 계시지만, 당신은 그것을 인식하지 못하고 있다. 당신은 그분이 말씀하실 때 혼이 녹아내리는 경험을 하게 되는데, 그로 인해 단단하고 고집스러운 당신의 성품들이 변화될 것이다.[8] 또 신랑을 발견할 수 없을 때에는 차마 믿기 힘든 고통을 경험할 것이다.

> 5:7 성안을 순찰하는 자들이 나를 만나매 나를 쳐서
> 상하게 하였고 성벽을 파수하는 자들이 나의 겉옷을
> 벗겨 가졌도다

어떻게 이런 고통을 당할 수 있단 말인가! 이와 같은 고통은 한 번도 경험한 적이 없었다. 신랑이 당신을 잘 보호해 주셨고, 당신은 그분의 보호 아래에서 살았다. 하지만 이제 그분은 당신을 떠나셨다. 그런데 그 원인이 당신에게 있다! 무슨 일이 일어났는가? 당신은 당신의 신실함을 시험하던 많은 시련들 가운데 이미 충분히 고통 당했다고 생각했다. 하지만 그런 것들은 당신이 지금 경험하는 고통과는 비교가 되지 않는 아주 작은 것들이었다. 그것들은 고통의 그림자에 불과했다. 또한 그것보다 작은 고난을 기대할 이유도 전혀 없다.

당신이 주님처럼 상처로 얼룩지고, 못 박히고, 모든 것을 빼앗기는 경험을 하지 않은 채로 그분과 연합할 수 있다고 생각하는가? 당신은 "성을 지키는 자들에게 상처 입은" 자신의 모습을 발견할 것이다. 이 파수꾼들이 인간이건 악한 영들이건, 하나님이 사용하시는 도구들일 뿐이다. 전에는 적들이 당신을 계속해서 주시해 왔지만, 감히 공격하지는 못했다. 그런데 이제 "파수꾼들"(순찰하는 자들)이 당신에게 상처를 입히고, 당신을 덮고 있는 자기 의를 벗겨 버렸다.

말할 수 없는 슬픔 가운데 당신은 무엇을 할 수 있겠는가? 파수꾼들에게 심하게 상처를 입었는데 신랑은 당신에게 아무런 반응도 보

이지 않으실 것이다. 파수꾼들은 당신을 가리고 있던 겉옷(너울)을 벗겨 버렸다. 그런 모습으로 신랑을 계속해서 찾으려 한다면, 당신은 미친 사람이라 불릴 것이다. 하지만 그분을 찾지 않으면, 당신은 그리움으로 죽게 될 것이다. 누가 이러한 고뇌를 알겠는가?

5:8 예루살렘 딸들아 너희에게 내가 부탁한다
 너희가 내 사랑하는 자를 만나거든 내가 사랑하므로
 병이 났다고 하려무나

참사랑은 자기에게 눈을 돌리지 않는다.[9] 당신의 상처와 상실을 잊은 채 오직 그분만을 생각하라. 무슨 장애물이 당신을 가로막고 있든지, 전심으로 그분을 사랑하라. 그분은 사랑하는 자들에게 반드시 자신을 보여 주신다.

당신은 연약함 가운데서 다른 영적인 성도들에게 외칠 수도 있을 것이다. 당신의 말은 간단하다. "내가 사랑함으로 병이 났습니다." 어여쁜 여인이여! 당신은 당신의 상처들과 그분을 발견하기 위해 견딘 모든 아픔들을 그분께 아뢰야 하지 않겠는가? 그렇지 않다. 당신이 할 수 있는 말은 당신이 사랑 때문에 병이 났다는 말뿐이다. 당신의 상처는 내적인 것이기 때문에, 다른 외적인 고통들은 거의 인식도 못하고 있다. 사실 그런 것들은 내적인 상처에 비하면 오히려 하나의 기쁨처럼 여겨지기도 한다.

5:9 여자들 가운데에 극히 어여쁜 자야 너의 사랑하는
자가 남의 사랑하는 자보다 나은 것이 무엇인가
너의 사랑하는 자가 남의 사랑하는 자보다 나은
것이 무엇이기에 이같이 우리에게 부탁하는가

예루살렘의 딸들은 끊임없이 당신을 여자들 가운데 가장 어여쁜 자라 부른다. 당신의 고통스러운 상처들은 숨겨져 있고, 드러난 것들은 당신의 아름다움을 한층 더해 준다. 그들은 그렇게 많은 재앙 가운데 어떻게 그런 강한 사랑—지속적이고 신실한 사랑—이 존재할 수 있을까 의아해한다. 예루살렘의 딸들은 "너의 사랑하는 자가 누구냐?"고 질문한다. 그들은 그가 당신을 매료시킬 만큼 근사할 것이라 생각하고 있다. 하지만 그들은 믿음의 길이 얼마나 곧고 순전한지 이해하지 못한다.

그러나 당신은 당신 안에서 어떤 아름다움도 보지 못하고 있다. "나를 아름답다('나오미')고 부르지 마라"(룻 1:20). 당신은 자신에게 관심을 가질 수도 있지만, 온통 그분을 더욱 추구하는 일에 마음을 빼앗겼다. 당신은 자신에 대해서는 아무것도 생각하지 않는다. 그분을 찾기 위해 벼랑에서 뛰어내려야 할지라도, 당신은 멈추지 않을 것이다. 이 세상의 찌꺼기들에 오염될까 두려워 온전히 포기하지 못했을 때, 당신은 비싼 값을 치러야 했다. 그 대가로 신랑이 떠나간 것이다. 당신의 아름다움이나 평안은 그리 중요하지 않다. 당신은 오직 그분만을 찾고 있다.

5:11 머리는 순금 같고 머리털은 야자 송이 같고
(고불고불하고) 또한 까마귀같이 검구나

그의 머리털은 그리스도의 신성을 덮고 있는 인성으로 이해해야 한다. 십자가에서 나타난 그분의 인성은 야자 송이와 같다. 인류를 위해 거기에서 죽으신 것처럼, 그분은 당신의 적들과 싸워 승리하셨고, 당신을 위해 구원의 열매들을 획득하셨다. 이 열매들은 그분의 죽음으로 결실한 것이다. 그 후 야자나무에 봉오리가 맺혔다. 즉, 교회가 신랑의 마음에서 출현하게 되었다. 거기에서 그분의 인성은 까마귀처럼 검게 보였다. 그분이 온통 상처들로 뒤덮였고, 모든 인간들의 죄와 검은 것들을 짊어지셨기 때문이다. 이 모든 검은 것들이 무엇과도 비교할 수 없는 그분의 깨끗함과 정결함 위에 놓였다.

그리스도는 인간들에게 비난의 대상이 되셨다. 모든 사람들에게 비난을 받으셨다. 그분은 검지 않으셨는가? 하지만 그러한 검음이 그분의 아름다움을 발산하였다. 검은 것들이 온 세상에서 벗겨지도록 그분이 그것들을 입으신 것이다.

(이 책에는 5:10이 없다)

5:12 눈은 시냇가의 비둘기 같은데 젖(우유)으로 씻은 듯 하고 넘쳐흐르는 시냇가에 앉아 있구나

(아름답게도 박혔구나)

신부는 신랑의 완벽함을 모든 사람들이 볼 수 있게 확증하고 있다. 그분의 풍요로움과 멋진 특성들로 인해 당신은 고난 가운데서도 기뻐할 수 있다.

주님의 눈은 정결하고, 순결하고, 단순하다. 그분의 지식에는 어떠한 흠도 없다. 당신이 사랑하는 임의 눈은 평범한 비둘기의 눈과 같지 않다. 그분의 눈은 하나님의 은혜라는 젖으로 씻겨졌다. 하나님의 은혜가 그분께 한없이 임하고, 하나님의 지혜와 지식이 그분을 가득 채우고 있다(골 2:3). 그분은 마음의 낮은 곳을 통과하는 작은 시냇가에서 쉬고 계신다. 당신이 영적으로 크게 앞서가는 사람이 아니더라도, 그분께 마음이 끌릴 수밖에 없을 것이다. 그분은 우리의 온 마음에 거하시지만, 특히 외진 구석을 좋아하신다. 그곳은 아무것도 방해할 수 없는 곳으로, 급류가 흐르고 물이 넘치는 시냇가 근처에 있다. 이 시냇물은 장애물이 앞을 가로막으려 하면 더욱 세차게 흘러가려 할 것이다.

5:13 뺨은 향기를 발하는 자에 의해 마련된 향기로운
꽃밭 같고 그의 입술은 백합화 같고 몰약의 즙이
뚝뚝 떨어지는구나

뺨이 머리의 일부인 것처럼, 그리스도의 인성은 그분의 신성과 하나이다. 뺨은 예수님의 혼을, 향기로운 꽃밭은 그분의 완벽한 생각과 의지와 감정을 나타낸다. 참으로 훌륭한 예술가이신 성령님은 그런 것들을 택하셔서 인간 예수 그리스도 안에 심어 놓으셨다.

입술은 시리아의 빨간 백합에 비유되는데, 이것은 빼어나게 아름다운 꽃이다. 어떤 입술이 영과 생명의 말씀을 주는 것보다 더 아름답고 달콤하겠는가? 이 입술은 또한 회개하는 마음과, 자신에 대해 기꺼이 죽고자 하는 마음을 불러일으킨다.

5:15 다리는 순금 받침에 세운 화반석 기둥 같고
생김새는 레바논 같으며 백향목처럼 보기 좋고

몸의 아랫부분에 있는 다리와 발은 그리스도의 육신을 상징한다. 화반석은 부패(타락)하지 않는 그분의 속성을 나타낸다. 그분은 몇 시간 동안 죽음에 굴복하셨지만, 아버지와 연합하셨기 때문에(순금 받침에 세워진) 육신의 부패를 경험하지 않으셨다. 부패하지 않는 주님의 말씀 위에 세워진 하나님의 아름다운 집은 결코 무너지지 않을 것이다.

그의 얼굴은 레바논처럼 아름답다. 성도들은 백향목 숲처럼 그분 안에 심겨져 있다. 그분은 모든 사람들을 위해 선택받으셨고, 그분이 모든 사람들을 선택하신다. 그분이 선택하지 않으시면 아무도 선택받지 못한다. 그분은 자기의 형상을 본받을 모든 자들을 선택하셨고, 많은 형제 중에서 맏아들이시다(롬 8:29).

(이 책에는 5장 14절이 없음-역주)

5:16 입은 심히 달콤하니 그 전체가 사랑스럽구나
예루살렘 딸들아 이는 내 사랑하는 자요
나의 친구로다

　훌륭한 사람들이 칭송 받을 수는 있지만, 어떤 사람들은 너무 훌륭해서 찬사만으로 부족한 경우가 있다. 신랑이 그런 분이다. 그분의 완벽함은 말로 표현할 수 없다. 따라서 신부는 그분의 가치를 말하려는데, 어떤 합당한 말도 찾을 수 없다.

　열정 때문에 신부는 그분의 뛰어남을 찬양하고 싶어진다. 표현할 수 없는 것을 표현하려 한 후, 신부는 갑자기 잠잠해진다. 그녀는 사랑으로 일어나던 열정적인 언어들을 멈춘다. 그녀는 가장 소중한 분을 사랑하라고 친구들을 초청한다. 그리고 입을 다물기 전에 다음과 같은 말이 튀어나온다. "그분의 목(입)은 심히 달콤하니."

　목은 소리를 발하는 기관이다. 예수님은 하나님의 표현이시다. 그분은 완전히 아름다우시다. 그분의 사랑스러움을 누가 설명할 수 있겠는가? 신부가 친구들에게 말한다. "내가 나의 사랑하는 임에 대해 너희들에게 말한 것으로 나를 믿지 말고, 너희가 직접 맛 보아라." 그분은 진귀한 아름다움을 소유하고 계신다. 그 아름다움은 어떤 것과도 비교할 수 없고, 무슨 말로도 표현할 수 없다. 이제 내가 왜 사랑으로 병이 났는지 알겠는가?

5:17 여자들 가운데에서 어여쁜 자야 네 사랑하는 자가 어디로 갔는가 네 사랑하는 자가 어디로 돌아갔는가 우리가 너와 함께 찾으리라

(우리말 성경은 6:1-역주)

당신은 그분과 떨어진 곳에서 위대한 선교사가 되어 그분의 완벽함과 달콤함과 다함이 없는 사랑스러움을 전파한다. 다른 사람들을 일으켜 스스로 그분을 찾게 한다. 모든 것을 정복하는 사랑! 당신의 승리가 어찌 그리 멋진가! 급류처럼 강한 당신의 사랑은 만나는 사람마다 몰고 다닐 수 있다. 그렇게 강력한 사랑을 누가 구하고 싶지 않겠는가?

5장
각주

1) 따라서 영적인 사람의 생애는 오직 십자가와 치욕과 혼란의 끊임없는 연속처럼 보인다. 대부분의 사람들이 어떤 십자가들은 기꺼이 짊어지지만, 모든 십자가를 짊어지지는 않는다. 사람들 앞에서 자기의 명예를 드러내지 않으려고 한 번이라도 노력해 본 적이 있는가? 사실 이것이 하나님의 목표이다. 신부도 하나님의 명령에 복종하려 할 때 극단적인 혐오감을 느끼기도 한다. 신부는 내면으로 물러나는 것을 좋아했다. 그럼에도 신부가 자신의 고독함을 떠나지 않는 한, 분명 이 모든 십자가들을 지지 않을 것이다. 하나님은 자신을 따르는 자들이 진실로 자기에 대하여 죽기를 원하시기 때문에, 때로는 그들 안에 그릇된 걸음들을 허용하신다. 그러면 그런 것들로 인해 그들의 명예가 완전히 실추된다. 어떤 내성적인 지인 앞에 힘겨운 십자가들이 많이 놓여 있는 것을 보았다. 그중에 명예의 실추라는 십자가도 있었는데, 그녀는 사실 명예에 지나칠 정도로 집착하고 있었다. 따라서 그것을 포기할 수 없었고, 그 외의 다른 십자가들을 달라고 하나님께 간청했다. 그녀는 지금도 여전히 똑같은 생각을 지니고 있다고 나에게 말했다. 이러한 태도로 인해 그녀의 진보는 치명타를 입게 되었다. 그 후 그녀는 주님에 의해 치욕을 경험하는 은총을 받지 못했을 뿐만 아니라, (저자는 치욕도 은

총으로 간주한다-역주) 어떤 은혜도 경험하지 못하게 되었다.

이신칭의

2) 우리의 혼은 이렇게 벌거벗은 상태에서 오래 견딜 수 없다. 따라서 사도 바울은 옛 아담을 벗은 후에 새 사람인 예수 그리스도를 입어야 한다고 가르쳤다(골 3:9,10). 우리는 모든 것, 심지어 그 자체로 선한 것들에 대한 애착까지도 버리고, 주님의 뜻 외에 어떠한 것도 추구하지 않는 법을 배운 후, 하나님의 변함없는 사랑을 덧입고 그분과의 끊임없는 교통으로 들어가야 한다. 우리는 더 이상 유쾌하거나, 편리하거나, 자기 사랑을 만족시켜 주는 어떤 것을 추구하지 않는다. 대신에 하나님을 기쁘게 해 드리고 그분을 더욱 영화롭게 하기에 합당한 것들을 추구한다.

하나님의 사랑 by 살레의 프랜시스

3) 하나님은 믿는 자의 영을 강건하게 하시려고 십자가의 성 요한이 "영혼의 깊은 밤"이라 부른 것을 사용하신다. 믿는 자들이 사라졌다고 생각하던 단점들을 그러한 시기에 나타나게 하시는데, 그것도 아주 뚜렷하게 지속적으로 드러나게 하신다. 여기에는 분노적 성향, 조급한 말이나 행동, 변덕, 반역적인 생각들이 있다. 하나님은 믿는 자에게서 경건하고 선한 일을 행할 수 있는 능력을 완전히 박탈해 버리신다. 따라서 그의 불완전한 모든 것들이 다시 드러나고, 그는 사방으로 고통을 당하게 된다. 하나님은 자신의 무거운

손을 그 사람 위에 얹으신다. 사람들이 그를 중상하고 핍박한다. 그의 생각은 반역적인 것들이며, 심지어 악한 영들도 그를 포위한다. 하지만 그리스도인들은 이렇게 십자가에 못 박는 도구들 가운데 항복하고 죽음에 이르게 된다. 이 중 하나라도 빠져 공격 받지 않는 부분이 있다면, 피난처와 일시적 유예로 사용될 것이다. 그러면 그리스도인은 아무리 좋은 의도를 가지고 있어도, 계속해서 자아에 이끌리는 삶을 살아갈 것이다. 이러한 결함들은 자발적인 것도 아니고, 성도를 공격하여 비참하게 만드는 연약함도 아니다. 또한 성도는 이것을 항상 인식하지도 못한다. 신부가 신랑을 향해 돌아서는가? 그녀는 버림받은 자신의 모습을 발견하면서 그분의 진노만을 경험한다. 그녀는 자기의 내면에 있는 유혹, 초라한 모습, 가난, 불완전함을 들여다보는가? 그녀가 세상을 향해 애걸하고 있는가? 이것들이 그녀를 찌르고 거부하는 가시들이다. 그녀는 하나님과 세상으로부터 분리되었다. 그녀의 비참함을 완성시키기라도 하려는 듯이, 그런 시기에 하나님이 비참하게 고통 받는 사람들을 문 밖으로 몰아내시는 것을 발견한다. 이렇게 하시는 것은 그분의 섭리에 따라 그들이 홀로 처하는 고독을 떠나 세상 속에 거할 필요가 있기 때문이다. 그들이 세상에서 완전히 분리되기를 갈망하는 동안, 가장 큰 고통은 최선의 노력에도 불구하고 그들의 마음이 계속해서 세상을 추구한다는 것이다. 하지만 마침내 세상과 자신의 흠들, 하나님의 능하신 팔, 자신의 연약함에 대한 경험, 그리고 인간들과 사탄의 사악함이 하나님의 목적을 완성하면, 그분은 일순간에 모든 적들에게서 구원하셔서 완벽하게 정결해진 그들을 자신에게 이끄신다. 이렇게 십자가에 못 박히는 과정에 동의하지 않는 자들은 평생 불완전한 자신의 모습에 만족하며 살게 될 것이다. 그리스도인이 된 지 얼마 되지 않은 사람들은 처음에는 핍박과 중상을 당하면서 그런 것들이 옳지 않다고 판단한다. 하지만 이제는 아니다. 그리스도인은 주님 안에서 성장하는 동안 죄 된 모든 생각들에 더욱 민감해진다. 결과적으로, 그리스도인은 자기가 이 세상에서 가장 비참한 존재이며, 그와 같은 모든 고통과 아픔들을 당할 만한 존재라는 것을 깨닫게 된다. 그러면서 말로 표현할 수 없는 혼란과 수치를 경험한다. 그는 자신보다 더 악한 자가 없다는 것을 확신하게 된다. 그리고 세상과 영적인 축복에 대한 이기적인 쾌락에서 멀어질수록, 더욱 비참함을 느끼면서 자신이 얼마나 세상과 세상의 무거운 짐에 얽매여 있는지 깨닫게 된다. 이 모든 것들이 너무 힘들어서 그는 하루에도 수천 번씩 진통을 경험한다. 사실 그 어느 때보다 이러한 쾌락을 멀리하지만, 그것들을 더욱 즐기고 싶어 하는 것처럼 보인다. 내가 이전에 언급했듯이, 그리스도인은 이때 능동적인 삶을 살도록 내던져진다. 즉, 상황이나 예측할 수 없는 환경 가운데 세상과 어울려 지낼 수밖에 없다. 이전에는 스스로를 세상에서 고통스럽게 분리시키며 고독한 삶을 살았다. 따라서 이제 다시 세상으로 돌아간다는 것은 너무나도 괴로운 일이다. 하지만 하나님이 그에게 세상에서 정상적인 삶을 살라고 요구하시지 않으면, 자신이 진정 누구인지 결코 알 수 없을 것이며, 자기 자신의 연약함과 은혜의 절대적 필요성을 충분히 인식할 수 없을 것이다. 또한 그는 스스로에게는 아무것도 기대할 수 없으며, 오직 모든 것에 하나님을 의지해야 하고 신뢰하며, 자신(self)을 버리고 미워해야 한다는 것을 결코 인식하지 못할 것이다. 이러한 고통과 아픔은 하나님을 알지 못하거나 스스로에게 어떤 자격을 부여하는 자들은 경험하지 못할 것이다. 그들은 성령을 소멸하고 하나님을 잊으면서 자발적으로 악에게 굴복하기 때문에, 악의 독침을 느낄 수 없다. 그들은 오래 살수록, 더욱 타락하게 된다. 하지만 믿는 자들은 시험과 연단을 통과한 후, 그들의 무의식적인 신실함으로 더욱 더 하나님의 품안으로 들어가게 된다.

이신칭의

4) 여기에서 처음에 말한 것을 명심하는 것이 중요하다. 먼저는 하나님의 일을 완전히 가로막는 자발적인 저항이 있다는 것이다. 하나님은 인간의 자유 의지를 침범하지 않으신다. 또 하나는 인간의 의지 안에 있는 자연스러운 저항인데, 이것은 능동적이고 자발적인 것이 아니라, 자기가 소멸되는 것에 대한 자연스러운 반감이다. 하지만 이러한 반감의 정도와 자기가 멸절되는 것에 대한 자연스러운 반항이 얼마나 크든지, 하나님은 그리스도인이 이미 결정한 헌신과 철회하지 않은 온전한 포기를 통해-그리스도인은 비록 반항심을 가지고 있어도 여전히 하나님께 순종적이고 그분께 복종하고자 하는 의지를 가지고 있다-자기(self) 의를 멸하기 위해 시작하신 일

을 멈추지 않으신다. 이러한 의지적 포기와 순종은 믿는 자의 깊은 곳에 숨겨져 있어서 때로 자신도 그 존재를 인식하지 못한다. 나는 이것을 하나님의 손길이 임하는 통로라 부른다. 우리 안에 숨겨져 있는 그런 모습을 통해 하나님이 우리의 자유 의지를 침범하지 않으시면서 우리 안에서 우리를 정화시키는 일을 계속하실 수 있기 때문이다.

이신칭의

5) 하나님이 그분의 계획을 상세히 설명하실 때에, 우리는 그분이 어떤 것들을 포기하고 희생해야 할지 상세하게 지적하실 거라고 기대해서는 안 된다. 결코 그렇게 하지 않으신다. 나는 하나님이 말씀하시는 것은 행하시는 것과 동일하다고 종종 말해 왔다. 하나님은 그를 따르는 자들을 가장 힘든 시련의 용광로에 던져넣으셔서 그분의 계획들을 설명하신다. 하나님은 그리스도인을 그의 소유뿐만 아니라 그의 전 존재를 희생할 수 있는 수준까지 이끄시고, 또한 이생뿐만 아니라 영원을 위해 희생할 수 있는 수준으로 이끄신다. 그러면 이러한 희생이 어떻게 성취될 수 있을까? 자기를 완전히 버림으로 가능하다. 자기를 포기할 때에 인간적인 힘을 의지하던 것이 모두 제거되고, 하나님의 손아래에서 무조건적으로 항복하게 된다. 우리가 자신을 포기할수록, 그만큼 하나님을 신뢰하게 되기 때문이다. 우리가 스스로 확신하는 것과 눈에 보이는 것을 의지하는 믿음에서 멀어질수록, 우리를 지탱해 주는 모든 것이 제

거되면서 하나님을 향한 순수한 믿음으로 더욱 깊이 들어가게 된다. 자기(self)를 미워할수록, 더욱 더 하나님을 사랑하게 된다. 하나님이 그리스도인에게서 어떤 것을 거둬 가실 때마다, 그것을 일종의 희생이라 할 수 있다. 그런데 모든 것 가운데 최후의 희생이자 순수한 희생은, 믿는 자가 하나님과 자신과 세상에 의해 버려진 자신의 모습을 발견하고, '나의 하나님 어찌하여 나를 버리셨나이까'(마 27:46)라고 외친 후에 즉시 '내 영혼을 아버지 손에 부탁하나이다'(눅 23:46)라고 말할 때 일어난다. 이것은 주님의 완전하고 온전한 희생이었다. 나는 이와 같이 이생과 영원을 위해 자기의 전부를 하나님께 드리는 것을 마지막 희생이라고 부른다. 이후 주님은 "다 이루었다(요 19:30)"고 하시며 영혼의 희생이 완성되었음을 선포하셨다. 이 말과 함께 모든 것이 종결되었다. 우리의 모든 문제들은 우리의 저항에서 나오고, 우리의 저항은 우리의 애착에서 나온다. 고통 중에 있을 때, 스스로를 더욱 괴롭게 할수록, 고통은 더욱 예리해진다. 그러나 우리가 고통에 순응할수록, 그래서 십자가에 못 박는 과정이 방해 없이 진행될수록, 고통이 훨씬 경감된다. 우리는 우리의 영적 진보에 방해되는 것이 제거될 때에만 그 방해물들을 보고 인식할 수 있다.

이신칭의

6) 여기에서 말하는 저항에는 두 종류가 있는데, 앞 절들에서 하나님이 요구하신 것들과 관련이 있다. 우리는 신랑이 신부에게 '나

의 누이 나의 신부야 문을 열어다오! 내가 고난의 이슬방울들로 젖어 있구나'라고 하시는 음성을 들었다. 그때에 신부는 비탄으로 가득 찬 신랑이 다가와서 그녀를 그분의 고통에 참여시키려 한다는 것을 분명히 알게 된다. 그분의 말에서 그녀는 모든 슬픔들 중에서 가장 고통스러운 어떤 것을 느끼기 때문이다. 그리고 자신의 연약함을 느끼게 된다. 그녀가 고통 가운데서 여전히 강할 수 있다면, 기꺼이 고통을 지려 할 것이다. 하나님은 그녀가 명예를 잃고 중상적인 핍박을 받을 가능성을 열어 놓으시며 그것을 현실화시키신다. 하나님은 이러한 고통들과 함께 자신이 한없이 연약하다는 것과 비참함, 그리고 선한 일을 행할 수 있는 능력이나 힘을 완전히 잃었다는 것을 깨닫게 하신다. 따라서 신부는 상상조차 할 수 없는 혼란과 고통에 휩싸여 마침내 기꺼이 그리고 아무 생각 없이 가혹한 하나님의 정의에 굴복하고, 하나님은 그녀의 말대로 그녀를 받으신다. 시련이 지속되는 동안, 그녀의 마음은 고통에 극심한 반항을 느낄 것이다. 따라서 마음속에서 이전에 포기했던 흔적을 발견할 수 없게 되고, 마음은 힘을 다하여 구해 달라고 외칠 것이다. 때때로 찾아오는 고요한 시기에는 하나님의 정의에 대한 감사와 사랑이 돌아온다. 따라서 신부는 정의로운 하나님의 제단 위에서 새롭게 희생을 드리지 않을 수가 없다. 그러나 폭풍이 다시 시작되면, 다시 정의를 위한 희생과 사랑을 잊고, 그것을 혐오하면서 죽음의 고통을 경험하게 되는 것 같다. 하나님은 또한 믿는 자를 시련에 굴복시키시기 전에, 아무런 설명도 없이 가장 극심한 고통을 앞에 두시고 그의 승낙을 요구하시는 경우도 있다. 어떤 이들은 희생을 각오할 수 없어서 그것을 거부하는데, 완전히 거부하는 사람들도 있고, 단지 며칠 동안만 거부하는 사람들도 있다. 이러한 저항은 그들에게 극심한 고통을 야기하는데, 그들이 순종적이었다면 특별히 고통이 더할 것이다. 그들은 고통 속에서 이전에 그들이 신실했던 것과 하나님께 어떤 것도 거부하지 않았던 것을 기억하면서-하나님의 요구사항이 아무리 가혹해도-더욱 큰 고통을 느낄 것이다. 하나님은 신부가 십자가 위의 희생을 거부하는 것도 그리고 피에 젖어 비탄에 잠긴 신랑을 받아들이는 것에 혐오감을 느끼는 것도 허락하신다. 하지만 참된 그리스도인은 그리 오랫동안 거부하지는 않는다. 저항은 그들이 연약하다는 것을 확신시키기 위하여, 그리고 그들이 상상하던 용기를 가지는 것에서 얼마나 멀리 떨어져 있는지를 증명하기 위해 필요하다. 사랑의 즐거움을 아주 섬세하게 경험한 후, 사랑(Love)이 십자가에 못 박히라고 요구할 때에 스스로가 매우 연약하다는 것을 발견하는 사람들도 더러 있다. 이전에 신실한 사람들이었다면, 그들은 이러한 저항으로 인해 생긴 영적 불순함 때문에 매우 큰 고통을 경험하게 될 것이다.

이신칭의

7) 이렇게 문을 열어 주는 행위는 새로운 헌신을 나타낸다. 최근에 일어난 저항이 멈추었기 때문에, 혼은 새롭고 명확한 포기적 행위를 해야 한다. 하나님은 항상 이것을 요구하시는데, 이것은 혼이 신

실하지 못했음을 나타낸다. 왜냐하면 이제 혼은 돌아서서 명확하게 지각할 수 있는 행위들을 새롭게 할 필요가 있기 때문이다.

이신칭의

8) 다윗은 십자가에 달리신 예수님의 모습으로 다음과 같이 말한다. '내 마음이 밀초와 같아서, 내 창자 속에서 녹아 내립니다.' 모든 것 중에서 가장 귀하고 측량할 수 없는 가치를 지닌 진주 같은 우리 구세주의 마음이 수난의 시기에 말로 형용할 수 없을 정도로 고통스러운 바다에 던져져 녹아내렸고, 참을 수 없는 고통의 무게 아래에서 분해되었다. 하지만 사랑은 죽음보다 강하다. 사랑은 마음을 만져 부드럽게 할 수 있으며, 다른 어떤 능력들보다 더 빨리 그것을 녹일 수 있다. 신부는 그분이 말씀하셨을 때 혼이 녹아내렸다고 말한다. 이것은 그녀의 혼이 더 이상 자기 안에 갇혀 있지 않고, 연인을 향해 흘러들어 갔다는 의미이다. 하나님은 모세에게 바위를 향해 외쳐 물을 내라고 명령하셨다(민 20:8). 하나님이 부드럽게 말씀하실 때, 신부의 혼이 그 안에서 녹아내린다면 이 또한 놀라운 일이 아닌가? 발삼(Balsam)이라는 향유는 본래 걸쭉해서 쏟아지거나 잘 흐르지 않는다. 오래 둘수록, 마침내 빨갛고 딱딱한 투명체로 변할 때까지 계속 응고된다. 하지만 이것은 열이 닿으면 용해되어 액체로 변한다. 사랑이 신랑을 액체로 만들었다. 따라서 신부는 신랑을 쏟아부어진 기름이라 부른다. 이제 신부의 차례가 되었다. 신부는 그녀가 사랑으로 녹아내렸다고 선포한다. 그녀는 "사

랑하는 자가 말할 때에 내 혼이 흘러내렸다"고 말한다. 신랑의 사랑이 그녀의 마음속에 있고, 가죽 부대 안에 얌전히 갇혀 있을 수 없을 정도로 강해서 사방으로 넘쳐흐르는 새 포도주같이 그녀의 가슴 밑에 자리하고 있다.

하나님의 사랑, 프랜시스 세일즈

9) 나는 경건한 세 사람이 부당하게 대우 받는 것을 보았다. 첫 사람은 하나님의 의에 대한 두려움 때문에 침묵 속에 자기 고통을 묻어 버렸다. 두 번째 사람은 상급을 소망하면서 그러한 괴로움을 즐기며, 자기를 부당하게 대우한 사람에게 고통 받았다. 세 번째 사람은 자기(self)를 완전히 잊고, 그를 괴롭힌 자가 잘못을 범하여 가한 상해 때문에 울었다. 존귀한 세 영웅들의 덕목들을 보라. 한 사람은 두려움으로, 두 번째 사람은 보상에 대한 소망으로, 세 번째 사람은 이타적인 완전한 사랑으로 부당한 대우를 이겨냈다.

성스러운 사다리(Sacred Ladder), 존 클리마커스

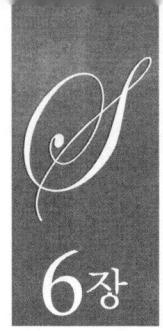

*6:1 내 사랑하는 자가 자기 동산으로 내려가 향기로운
꽃밭에 이르러서 동산 가운데에서 양 떼를 먹이며
백합화를 꺾는구나* (우리말 성경은 6장 2절이다–역주)

오랫동안 기다린 끝에 드디어 사랑하는 임에 대한 소식을 듣게 되었다. 당신은 그분을 꼭 붙들어 결코 떠나지 못하게 할 것이라고 천명했지만, 그분은 이전보다 훨씬 더 멀리 떠나가셨다.

그분을 통제할 수 있으리라는 생각이 얼마나 주제넘는 것인지 당신은 알지 못했다. 그분은 그분의 뜻에 따라 자신을 주시기도 하고 물리기도 하신다. 신부는 오직 그분이 원하시는 것을 원해야 한다. 즉, 신부는 그분이 원하실 때 오고 가시도록 해야 한다. 그분을 사랑하고 소유하는 데 있어 당신이 얼마나 자기 만족을 추구했는지 이제 알겠는가? 그분을 다시 보게 되면, 당신은 이제 그분이 원하시는 때에 오시고 원하시는 때에 가시게 하려 할 것이다.

하지만 당신은 그분이 "자기 동산으로 내려가셨다"는 것을 알고 있다. 당신의 내면 깊은 곳에는 오직 그분만을 위해 보존되어 있는 장소가 있다. 하나님이 거하시는 이곳은 달콤한 향기로 가득하다. 하나님은 그곳에서 오직 그분께 속한 것들만 취하신다. 거기에는 당신에게 속한 것이 하나도 없다. 하나님은 자신이 심고 경작하고 열매를 맺게 하신 동산에서 기뻐하신다. 따라서 그분이 그분의 백합들을 거두시게 하라! 당신 안의 모든 정결함이 그분을 위한 것이 되게 하라! 그분이 당신의 동산에서 모든 기쁨과 유익을 취하시게 하라!

*6:2 나는 내 사랑하는 자에게 속하였고 내 사랑하는
       자는 내게 속하였으며 그가 백합화 가운데에서
       그 양 떼를 먹이는도다*

　　당신이 자기를 추구하던 모든 것에서 자유해지는 순간, 이전보다 더욱 하나님과 온전한 연합을 이루었다는 것을 알게 될 것이다. 이제 당신은 사랑하는 분께 온전히 속하게 되었다. 당신은 남김없이 당신 자신을 그분께 내어 드렸다. 마침내 사랑하는 분에 대해 많은 것을 배우게 되었다. 당신은 더 이상 그분이 떠나가시게 허락하지 않을 것이라는 말을 하지 않는다. 하지만 이제 그분을 이전보다 더욱 깊이 알게 되었다. 당신은 그분을 결코 잃지 않을 것이다! 누가 당신과 함께 이것을 축하하지 않겠는가?

　　당신은 온전히 사랑하는 분의 것이기에, 그 무엇도 당신이 그분 안에 빠져드는 것을 막지 못할 것이다. 이제 당신은 그분의 사랑의 열기에 녹아버렸기 때문에, 그분 안으로 부어질 준비가 되었다.[1)]

　　당신은 온전히 그분의 것이고, 그분은 당신의 것이다. 당신은 그분의 선하심을 경험하면서 형언할 수 없는 기쁨으로 충만해진다. 그분은 당신의 고통을 가장 부드러운 사랑으로 갚아 주시고, 당신의 정결함을 마음껏 즐기신다.

6:3 **내 사랑아 너는 예루살렘처럼 어여쁘고 달콤하고
사랑스러우며**(디르사같이 어여쁘고, 예루살렘같이 곱고)
깃발을 세운 군대같이 당당하구나

신랑은 당신이 자기를 추구하던 본성에서 해방된 것을 알고 계신다. 그분은 당신의 아름다움을 칭송하신다. "너는 예루살렘처럼 아름답구나." 당신은 그분께 전부를 드림으로 당신에게 속한 모든 것을 잃어버렸다. 하지만 그분은 자기의 모든 것들로 당신을 채우셔서 그분이 받을 유업의 공동 상속인으로 만드셨다. 당신은 그분이 거하시기에 합당한 장소이다. 당신도 그분이 당신 안에 거하시기를 소망한다.

당신이 그리스도에게 아름다운 존재인 만큼, 사탄에게는 무서운 존재이다. 당신은 죄를 압도하는 존재가 되었다. 당신이 일격을 가하지도 않았는데 원수들은 당신으로부터 도망한다. 하나님의 원수들은 그분과 연합을 이룬 당신을 두려워한다.

평생 싸우면서 한 번도 승리를 거두지 못하는 자들은 참으로 불쌍한 존재들이다. 당신 자체를 그분께 드려라! 그분께 모든 것을 맡겨라. 그러면 당신은 전쟁을 위해 깃발을 세운 어떤 군대보다도 더 위압적인 존재가 될 것이다.

*6:4 네 눈이 나를 멀어지게(놀라게) 하니 돌이켜
　　나를 보지 말라 네 머리털은 길르앗 산 기슭에
　　누운 염소 떼 같고*

하나님이 당신을 얼마나 깊이 사랑하시고, 그분의 신부로서 얼마나 정결해지기를 원하시는지 이해하는 것은 어려운 일이다. 당신은 이제 완벽해졌다고 생각할 때에, 자신이 얼마나 불완전 존재인지 깨닫게 된다. 지금까지 신랑은 신부가 자기에게서 한 번도 눈을 돌리지 않은 것에 기뻐하셨다. 그런데 지금은 당신이 그분을 바라보지 않기를 원하신다. 하나님은 당신의 눈이 그분을 멀어지게 했다고 말씀하신다.

당신은 심지어 하나님의 시선에 대한 감각까지도 잃어야 한다. 어떤 것에 더 이상 초점을 맞출 수 없을 만큼 가까워지면 그것을 볼 수 없게 된다. 당신의 영적인 여정도 이와 같다. 당신이 하나님과의 연합으로 깊이 들어갈수록, 그분과 당신의 연합은 당신의 시야에서 사라질 것이다. 당신은 더 이상 자신을 관찰할 수 없으며, 오직 하나님이 보게 하시는 것만 볼 수 있다. 모든 것들이 그분의 시각으로 보인다. 특별히 가장 깊은 곳에 있는 마음은 더욱 그러하다. 그분을 지나치게 사랑하는 것이 불가능하다는 것을 이해해야 한다.

하나님과 친밀한 연합을 이루어 가면서, 당신은 그분과 점점 더 하나가 되어 가는 것을 경험할 것이다. 남자와 여자의 결혼이 이것에 대한 희미한 이미지가 될 수 있다. 당신과 주님 사이의 온전한 연합은 천천히 그리고 점진적으로 이루어진다. 당신과 그분의 경험은 그분이 당신을 빚고 만들어 가시는 과정을 견뎌낸 후에 깊어질 것이다. 당신은 결코 하나님이 되지 못한다. 단지 그분을 더욱 깊이 알아갈 뿐이다.

6:5 네 이는 목욕하고 나오는 암양 떼 같으니 쌍태를 가졌으며 새끼 없는 것은 하나도 없구나

신랑은 이미 언급한 것을 다시 말씀하신다. 하지만 이제 당신은 이전에는 하나의 씨앗에 불과하던 것의 온전한 실체 안에서 살아간다. 당신의 이, 즉 혼은 모든 면에서 순수하고 정결하고 깨끗하다.

당신의 모든 부분들은 신랑의 뜻과 완벽하게 조화를 이룬다. 당신이 하는 일들은 모두 질서정연하고 합당한 때에 열매를 맺으며, 이중의 축복을 받는다.

6:6 너의 뺨은 석류의 빨간 껍질과 같다 하지만 많은 것들이 안에 숨겨져 있다

석류의 껍질은 밝은 색을 띄고 있지만, 안에 든 열매와는 비교할 수 없다. 당신도 마찬가지이다. 겉모습은 그리 중요하지 않다. 중요한 것은 내면에 숨겨져 있다. 당신의 내면은 사랑과 은혜로 채워져 있는데, 이것은 별로 중요하지 않은 껍질 아래에 숨겨져 있다. 하나님은 자기를 위해 선택하신 사람들을 숨기고 싶어 하신다.

사람들은 그런 자들을 잘 알아보지 못하지만, 천사들은 세상의 눈에 얼마나 초라하게 보이든지 그들을 존중할 줄 안다. 외적인 모습을 보며 판단하는 자들은 이들을 평범한 사람들로 보겠지만, 하나님께 그들은 큰 기쁨이다.

이렇게 숨겨진 자들은 기적이나 특별한 은사들로 세상을 놀라게 하지 않는다. 하나님은 자신을 위해 그들을 숨기신다. 그들을 질투하기까지 사랑하시기에 세상 사람들의 눈에 드러내지 않으신다.[2] 대신 그들을 인치신다. 따라서 그들은 하나님이 인치신(봉한) 샘과 같다 (4:12).

그런데 하나님이 왜 그들을 인치시는 걸까? 왜냐하면 사랑은 죽음같이 강하고, 질투는 스올같이 잔인하기 때문이다(8:6). 이 주제가 얼마나 완벽하게 표현되었는가? 죽음 같은 사랑은 결국 당신의 혼에서 모든 것을 빼앗아 당신의 영 은밀한 곳에 숨긴다. 하나님의 질투는 지옥같이 잔인하여 당신을 소유하려 하는 것은 아무것도 남겨 두지 않으신다.

당신은 주위의 사람들을 돕지 못할 만큼 깊이 숨겨져야 하는데, 그렇게 되면 많은 사람들에게 손가락질 당할지도 모른다. 사람들은 당신이 그들을 도울 수 있는데도 돕지 않는다고 생각할 것이기 때문이다. 하지만 이것이 기준이 되어서는 안 된다. 하나님은 당신을 다른 사람들의 칭찬을 받지 못하도록 숨기실 것이다. 심지어 다른 사람들이 당신으로 인해 실족당하게 하실 것이다. 따라서 하나님이 그들의 유익을 위해 당신을 사용하시려는 계획을 완수하신 후에는, 그들이 당신에게서 돌아설 것이다.

신랑은 이렇게 신부를 자기의 경험으로 이끄신다. 신랑이 취하여 아버지 하나님께 드린 모든 사람들이 어느 순간에 그분으로 인하여 실족하지 않았던가?(막 14:27) 그리스도의 삶을 보라. 외적으로 그보다 더 평범한 사람이 있었던가? 더 기이한 일들을 행하는 자들은 예수님이 자기보다 더 큰 일들을 할 것이라고 말씀하신 성도들이다(요 14:12). 그리스도는 유대인들에게는 거리끼는 것이요, 헬라인에게는 미련한 것이었다(고전 1:23). 단순한 성도들은 율법에 얽매인 자들을 실족하게 한다. 복음은 단순하지만, 내면의 역사로 드러난다. 복음 안에는 언뜻 보이는 것보다 더 많은 것이 들어 있다. 석류가 아무것도 아닌 껍질 안에 달콤한 열매들을 품고 있는 것처럼 말이다.

6:7 왕비가 육십 명이요 후궁이 팔십 명이요
 시녀가 무수하되

    신랑에게 속한 사람들이 많지만, 그분을 아는 정도는 저마다 다르다. 그분과의 관계를 어느 정도 진전시킨 사람들이 있는가 하면, 또 이제 막 그분을 추구하기 시작한 사람들도 있다. 또 자기 자신을 하나님께 온전히 내어 드린 사람들도 있는데, 이들이야말로 신랑 안에서 가장 큰 기쁨을 발견하는 자들이다. 그분도 이들 안에서 가장 큰 기쁨을 발견하신다.

*6:8 내 비둘기, 내 완전한 자는 하나뿐이로구나
그는 그의 어머니의 외딸이요 그 낳은 자가 귀중하게
여기는 자로구나 여자들이 그를 보고 복된 자라
하고 왕비와 후궁들도 그를 칭찬하는구나*

하나님은 모든 세대 가운데서 비둘기 같은 자들, 즉 비둘기처럼 단순하고 온전히 신뢰할 줄 아는 자들을 찾고 계신다. 당신 안에서 혼이 회복되면서 내적인 연합이 이루어지게 되었다. 당신은 하나님의 영과 연합하여 살아가고 있다. 자기 자신에게서 자유로워졌고, 당신이 살아온 비좁고 제한된 영역에서 해방되었다. 내적으로 당신은 완벽하다. 당신 안에 있던 모든 자기 추구적(self-seeking) 성향들을 잃어버렸다.

지금까지 신랑은 한 번도 당신을 하나뿐인 완전한 자라고 부르신 적이 없다. 이러한 특징들은 오직 하나님 안에서만 발견되기 때문이다. 하지만 당신은 이제 이것에 잘 준비된 상태이다. 따라서 이런 특징들이 당신 안에서도 충분히 드러나고 있다.

당신이 하나님의 목적이고 다른 모든 길에서 돌아섰기 때문에, 어머니의 유일한 자녀이다. 그분의 신부들 가운데 하나인 당신은 하나님의 은총을 입은 자이다. 당신은 그분으로부터 나서 그분의 품에 온전히 안기게 되었다.

영적인 성도들은 하나님이 당신을 숨기셔도 알아본다. 이들은 축복 받은 자들로, 당신을 볼 때마다 기쁨을 감추지 못한다. 영적으로 그렇게 높은 수준에 이르지 못한 자들도 당신을 통해 흐르는 은혜를 느끼기에 당신을 높이 찬양할 것이다.

하지만 사람들은 변덕스럽다. 그들은 어느 날에는 당신을 축복하다가, 다른 날에는 죄인 취급할 것이다. 예수님도 이러한 취급을 당하셨기에, 그를 따르는 모든 자들도 그런 취급을 당할 것이다.

6:9 아침 빛같이 뚜렷하고 달같이 아름답고 해같이 맑고 깃발을 세운 군대같이 당당한 여자가 누구인가

찬양대가 예수님의 신부를 찬양한다. 해같이 빛을 발하면서 나아오는 자가 누구인가? 하나님을 향한 당신의 진보는 한 번에 조금씩 이루어진다. 그분의 생명은 당신 안에서 점차적으로 완성된다. 당신은 새벽 동이 트는 것처럼 아무도 모르게 하나님 안에서 자라며, 달같이 아름답다. 당신의 모든 빛이 태양빛에서 나왔기 때문이다. 당신은 해처럼 맑다. 당신이 하나님과 연합을 이루고 있기 때문이다. 그리스도가 당신을 그분의 영광에 참여하게 하셨고, 하나님께 푹 빠지게 만드셨다. 하지만 당신은 악한 영들과 죄와 세상에 대해서는 전쟁을 위해 준비된 군대처럼 당당한 존재가 되었다.

*6:10 골짜기의 푸른 초목을 보려고 포도나무가 순이
　　　났는가 석류나무가 꽃이 피었는가 알려고
　　　내가 호도 동산으로 내려갔을 때에*

당신은 뒤돌아보지 않을 만큼 성숙되지는 않았다. 다만 그렇게 돌아보는 것은 드문 일이며, 오직 당신의 인성으로 인한 것이다. 신랑은 자기 반성(self-reflection)이 얼마나 해가 될 수 있는지 보여 주시려고 이러한 경미한 실수를 허락하신다. 당신은 자신이 열매를 맺고 있는지 알고 싶어 한다. 당신의 포도나무에 꽃이 피었는가? 이것은 합당한 요청이라 생각한다. 그렇지 않은가?

*6:11 나는 아무것도 모르고 있었다 암미나답의
　　　병거들로 인하여 내 혼이 나를 힘들게 했구나*

　　열매를 찾을 때, 당신은 사랑하는 분의 마음을 상하게 할 의도가 전혀 없었다. 하지만 당신의 이런저런 모습을 살펴볼 때에, 어려움에 봉착하게 될 것이다. 암미나답의 병거들-수천 가지의 자기 반성들-이 당신의 머리를 어지럽히며 사로잡는다. 오직 당신의 연인만이 이러한 공격 가운데 당신을 붙들어 주실 수 있다.

6:12 돌아오고 돌아오라 술람미 여자야 돌아오고
 돌아오라 우리가 너를 보게 하라

당신의 실수가 경미하고 의도적인 것이 아니었기 때문에, 당신은 사랑하는 분에게 진정으로 그리고 속히 돌아간다. 매우 경미한 실수였기 때문에 친구들은 당신이 여기저기 헤맸다는 것을 눈치채지 못했다. 당신은 신랑의 아름다움을 천명하다가 갑자기 사라졌다. 당신의 아름다움에 매료되었던 동료들이 돌아와서 당신의 연인에 대해 더 많은 것들을 이야기해 달라고 간청한다.

6장
각주

1) 신랑이 그분의 사랑과 혼을 신부의 마음속에 새겨 놓으신 것처럼 신부도 신랑의 마음속에 자기의 혼을 쏟아붓는다. 언덕 위에 쌓인 눈더미가 태양빛에 노출되어 따뜻한 광선이 비치는 방향으로 녹아 흐르는 것처럼, 신부의 혼도 녹아 사랑하는 분의 목소리를 향해 나아간다. 그런데 이렇게 신부가 신랑 안으로 녹아들어 가는 일이 어떻게 일어날 수 있는가? 신랑을 지극히 기뻐할 때에 신부 안에서 자기(self) 안에 거하고자 하는 힘이 녹아내리는 영적인 현상이 일어난다. 그렇게 되면 그녀는 발삼(balsam)처럼 녹아내려서 사랑하는 사람 안으로 흘러들어 가게 된다. 갑작스러운 노력으로 이렇게 할 수는 없다. 또한 그녀는 힘으로 연합될 수 있는 것처럼, 떨어지지 않으려고 꼭 달라붙지도 않는다. 단지 액체처럼 유유히 흘러 흠모하는 신랑 안으로 들어가게 된다. 우리는 남풍이 몰고온 두터운 구름이 비가 되어 땅 위에 떨어져 흐르며 땅과 섞여 하나가 되는 것을 본다. 마찬가지로 사랑스럽지만 아직 자기(self) 안에 머물고 있는 신부는 이 거룩하고 축복된 흐름 가운데 자기를 영원히 거부한 채 사랑하는 신랑과 연합될 뿐만 아니라, 온전히 하나가 된다.

하나님의 사랑 by 살레의 프랜시스

2) 하나님이 질투하시는 한 가지 이유는 자신을 온전히 드리는 백성의 수가 적기 때문이다. 하나님은 경쟁자를 참을 수 없어 하신다. 즉, 분열된 마음을 기뻐하지 않으신다. 반면 하나님은 그분께 온전히 헌신한 자들을 사랑하시고, 자기에게 속한 귀한 존재로 여기신다. 그들의 자유 의지의 방해를 받지 않으면서 모든 권리를 그들 위에 행사하신다. 그들의 포기가 진실되고 마음에서 우러난 온전히 자발적인 것이기 때문이다. 하지만 하나님은 또한 그 사랑에 비례하여 질투하신다. 그분은 그들 안에 하나의 오점이 있는 것도 참을 수 없어 하신다. 그들은 그분의 은밀한 상자 안에 든 정선된 표본들로, 그런 것을 도대체 이해하지 못하는 세상의 호기심에 노출되어 있지 않다.

이신칭의

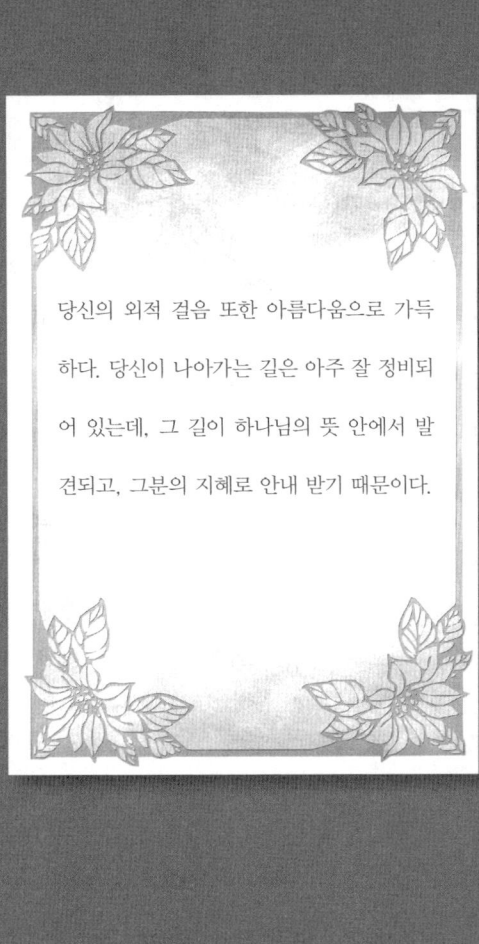

당신의 외적 걸음 또한 아름다움으로 가득하다. 당신이 나아가는 길은 아주 잘 정비되어 있는데, 그 길이 하나님의 뜻 안에서 발견되고, 그분의 지혜로 안내 받기 때문이다.

Song of Songs

Chapter 7

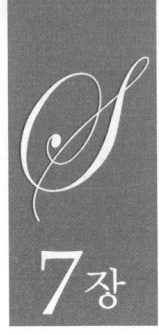

7:1 너희는 진중에 있는 군대 외에, 술람미 여인에게서 무엇을 보려느냐?(6:13) 귀한 자의 딸아 신을 신은 네 발이 어찌 그리 아름다운가 네 넓적다리는 둥글어서 숙련공의 손이 만든 구슬꿰미 같구나

예수님과 그분의 신부 사이의 귀중한 시간을 가로채려는 사람들이 많다. 그리스도는 신부들에게 방해받지 말라고 말씀하신다. 신랑은 방해하려는 자들에게 왜 그렇게 그의 신부를 보려 하느냐고 물으신다. 그분의 신부는 은혜와 아름다움을 지니고 있다. 그리스도는 신부에게 입맞추었고, 그녀를 더욱 정결하게 하셨다. 동시에 신부는 군대의 힘과 당당함을 지니게 되었다. 그녀는 사랑하는 분과 같이 되었고, 하나님의 적들은 이제 그녀를 두려워한다.

당신의 걸음은 내적으로도 외적으로도 복되다. 하나님을 향해 계속 전진하고 있기에 당신 안의 모든 것들이 참으로 아름답다. 하나님을 향해 나아가는 당신의 걸음은 실로 참된 안식이라 할 수 있다. 아무엇도 당신의 진전을 막을 수 없다. 실상 그 안식이 클수록, 당신은 더욱 더 전진하게 될 것이다. 그렇게 전진할수록, 당신의 안식은 더욱 깊어질 것이다.

당신의 외적 걸음 또한 아름다움으로 가득하다. 당신이 나아가는 길은 잘 정비되어 있는데, 그 길이 하나님의 뜻 안에서 발견되고, 그분의 지혜로 안내 받기 때문이다. 당신의 걸음걸음이 하나님의 뜻 안에 있다. 하나님은 사랑의 용광로 안에서 당신을 빚고 계신다.

7:2 배꼽은 섞은 포도주를 가득히 부은 둥근 잔 같고
　　　허리는 백합화로 두른 밀단 같구나

배꼽은 하나님 안에서 성장하며 채워지게 되어 있는 당신의 일부분을 나타낸다. 이것은 당신뿐만 아니라, 다른 사람들도 그리스도 안에서 태어나 자라게 하려는 것이다. 당신은 신랑에게 은혜를 받을 뿐만 아니라, 그 은혜를 필요로 하는 자들에게 나누어줄 수도 있다. 당신은 하나님의 샘에서 흘러나오는 은혜로 계속해서 채워진다. 그분의 은혜가 다른 사람들의 유익을 위해 당신에게 쏟아부어진다. 당신의 가장 깊은 부분들은 배고픈 자들을 먹이기 위해 싹을 틔우는 밀밭 같다. 이 모든 것을 당신의 정결한 백합들이 둘러싸고 있다.

7:3 두 유방은 암사슴의 쌍태 새끼 같고

그리스도의 신부가 자녀를 낳을 수는 있지만 양육할 수 없다면 어떻게 될까? 신랑은 여기에서 그의 신부가 어머니일 뿐만 아니라 유모라는 것을 보여 주신다. 당신에게는 영양분을 필요로 하는 사람들을 위한 충분한 자원이 있다. 그분의 은혜는 필요할 때마다 당신을 통해 계속해서 흘러나가고 있다. 그분과 온전한 연합을 이루지 못했다면, 당신에게는 나누어줄 것이 없을 것이다. 그분과의 연합을 통해 먼저 은혜를 받은 후에, 그것을 다른 사람들에게 나누어 줄 수 있다.

7:4 목은 상아 망대 같구나 눈은
바드랍빔 문('군중의 딸'문 gate of the daughter of the multitude)
곁에 있는 헤브론의 어장 같고 코는 다메섹을
향한 레바논 망대 같구나

목은 힘을 상징한다. 하나님은 당신을 상아처럼 깨끗하고 강하게 하실 것이다. 당신 안에 있는 하나님의 힘은 모든 위험에서 숨을 수 있는 망대와 같다. 당신은 적들이 다가오는 것을 보면서 그분이 곁에 계신다는 것을 알게 될 것이다. 이러한 영적 분별력은 눈으로 상징된다. 하나님의 통찰력을 가지고 바라보면, 당신의 눈은 어장(fish pools- 축복과 모든 질병의 치유를 위한 근원) 같아진다. 하나님은 자발적으로 온전히 헌신하는 사람들의 마음을 받으시고, 그것을 그분이 돕고자 하는 모든 사람들을 위해 수천 가지로 사용하실 것이다.

어장은 "군중의 딸"의 문 곁에 있다. 이 "딸"은 마음을 혼탁하게 하는 상상력이다. 당신의 상상력은 하나님의 영과 누릴 수 있는 깊은 교제를 방해하려 할 것이다. 하지만 이제 당신은 더 이상 어리석고 불쾌한 여러 생각들에 현혹되지 않는 단계에 이르렀다. 하나님은 당신의 영과 혼 사이에 문을 만들어 놓으셨다. 당신은 영 안으로 물러나 뒤로 문을 닫은 후 아무런 방해도 받지 않고 하나님과 교제하는 법을 이미 배워 알고 있다.

코는 정확한 판단을 상징한다. 여기에서 코는 레바논의 망대로 표현되는데, 이 망대는 매우 튼튼해서 무너뜨릴 수 없다. 당신은 자신의 판단과 사고를 버리고, 하나님의 지혜를 유업으로 받았다. 매순간 하나님을 바라보며, 그분이 하시는 것을 보지 않고는 어떤 행동도 취하지 않는다. 당신은 매순간 하나님을 바라보며 믿음으로 살아간다. 하나님의 방법은 인간의 방법을 무색하게 만든다.

7:5 머리는 갈멜 산 같고 드리운 머리털은 자주 빛이 있으니 왕이 그 머리카락에 매이었구나

머리는 하나님 안에서 높아진 산 같다. 머리털은 당신이 은총으로 받은 모든 선물들을 상징한다. 이 선물들은 하나님으로부터 왔으며, 전적으로 그분께 속한 것들이다. 그중 어느 것도 당신의 것이라 주장할 수 없다. 당신이 소유하고 있는 모든 좋은 것들의 주인은 하나님이시다. 머리는 왕족의 자줏빛으로 장식되어 있다. 은혜는 물줄기처럼 흐른다. 즉, 하나님 자신으로부터 흘러나와, 하나님 자신에게 흘러 들어 간다. 당신은 그분의 축복을 거절하지도, 방해하지도 못한다. 이처럼 당신과 하나님 사이에는 자유롭게 오갈 수 있는 통로가 있다.

7:6　*사랑아 네가 어찌 그리 아름다운지, 어찌 그리
　　　화창한지 즐겁게 하는구나*

　신랑은 사랑하는 자들 안에서 자신의 모습을 보신다. 신부는 마치 신랑이 아버지의 기쁨인 것처럼 사랑의 기쁨이다. 신부가 신랑을 완벽하게 나타내면, 신랑은 즐거워하신다. 신부는 아름다고 매력적이다. 그녀가 신랑의 완벽함을 입고 있기 때문이다. 신부는 신랑의 기쁨이고, 신랑은 신부의 기쁨이다.

7:7 네 키는 종려나무 같고 네 유방은 그 열매송이 같구나

당신의 키, 즉 영적 상태는 곧게 자란 종려나무 같다. 하나님이 축복하실 때에, 당신은 그 축복으로 자신의 유익을 위해 살아갈 수 없다. 아름다운 종려나무에는 두 가지 독특한 특징이 있다는 것에 주목하라. 열매를 많이 맺을수록, 나무는 더욱 곧게 성장한다. 또한 종려나무는 숫 종려나무의 그늘에 가리워지지 않으면 열매를 맺지 못한다.

마찬가지로, 신부에게도 두 가지의 독특한 특징이 있다. 신부는 신랑이 주신 은혜를 결코 자신을 위하여 사용하지 않으며, 신랑의 그늘 아래에서 살아간다. 그래서 무슨 일을 하더라도 완벽한 타이밍에 행한다.

신부의 유방은 포도송이와 같다. 포도는 달콤하기는 하지만, 자신을 위해 달콤함을 품고 있는 것이 아니다. 포도는 포도즙 틀에서 모든 것을 내어 놓는다. 마찬가지로 힘겹게 핍박을 받을수록, 당신은 악하게 대하는 자들에게 더욱 인자한 모습을 보일 것이다.

7:8 　내가 말하기를 종려나무에 올라가서 그 가지를
　　　잡으리라 하였나니 네 유방은 포도송이 같고
　　　네 콧김은 사과 냄새 같고

왕에 대한 신부의 칭송을 들은 젊은 딸은 이 현숙한 여인에게 배우기를 갈망한다. 이 어린 성도는 신부 위에 머물러 있는 기름부음으로 맺어지는 열매를 거두고 싶어 한다. 신부의 말은 달콤한 포도송이 같다. 그녀의 정제된 가르침은 아주 향기로운 냄새를 발한다.

7:9　네 목구멍(입)은 좋은 포도주같이 내 사랑하는
　　　자가 마시기에 합당하며, 그분의 입술과 이에 닿을
　　　때에 기쁨이 된다

시온의 어린 딸이 계속해서 신부를 칭송하고 있다. 목구멍은 심령의 내적인 부분으로 하나님의 포도주가 흐른다. 그분의 임재는 액체같이 믿는 자의 영과 그분 사이에서 흐른다.[1] 이 포도주는 하나님을 위한 것이다. 그분의 영이 그분과 신부 사이를 오가며 흐르고 있다. 신랑은 기쁨과 즐거움으로 신부를 변화시키신다. 신랑은 신부를 변화시키고 또 변화시켜 작아지게 하시는데, 그녀가 그분 안에서 완전히 변화된 모습으로 나타나게 하시려는 것이다.

하나님의 포도주가 된다는 것은 얼마나 멋지고 존귀한 일인가! 여기에 성도의 지고한 선과 최종 목표가 있다.

*7:10 나는 내 사랑하는 자에게 속하였도다
그가 나를 사모하는구나*

당신은 시온의 어린 딸이 하는 말을 들었고, 그것이 사실이라 고백한다. 당신을 향한 신랑의 열정적인 사랑이 당신을 사로잡았다. 당신은 그분 안에 잠겨 결코 자신을 찾을 수 없게 되었다. 이제는 그 어느 때보다도 사랑하는 분께 속하게 되었다. 그분이 당신을 그분의 형상대로 변화시키셨다. 그분은 결코 당신을 버리지 않으실 것이고, 당신은 더 이상 그분과 분리될 것이라는 두려움을 갖지 않아도 된다. 하나님은 그분의 임재에서 결코 당신을 쫓아내지 않으실 것이다. 당신은 영원한 사랑의 확증을 받았다. 사랑이 당신 안에서 완벽한 일을 행했다. 신랑은 당신 안에서 자기에게 속하지 않거나 자신을 위한 것이 아닌 것을 찾지 못하신다. 그분은 당신을 향한 소망을 포기하실 수 없고, 또한 당신에게서 시선을 돌려 다른 곳을 바라보시지도 않을 것이다.

*7:11 내 사랑하는 자야 우리가 함께 들로 가서
    동네에서 유숙하자*

주님의 사랑을 받는 자는 더 이상 아무것도 두려워하지 않는다. 당신은 모든 상황 속에서 그분을 볼 수 있다. 당신은 하나님의 광대한 자유를 경험하기 시작했다. 물론 당신이 하나님이 된 것은 아니다. 하지만 그분과 사랑의 연합을 이루게 되었다. 이제 그분이 당신을 통해 완벽하게 흐르신다.

당신은 그분과 깊은 연합을 이루었기 때문에 더 이상 그분을 잃을까 두려워하지 않아도 된다. 당신은 정원과 방에서 나가자고 그분을 초청한다. 이제 당신에게 너무 작거나 너무 큰 방 같은 것은 없다. 당신의 장소가 하나님 안에 있기 때문이다. 신부는 다른 많은 사람들을 신랑에게 돌이키게 하려고 그분과 함께 밖으로 나가고 싶어 한다.

> *7:12 우리가 일찍이 일어나서 포도원으로 가서 포도*
> *움이 돋았는지 꽃술이 퍼졌는지 석류꽃이 피었는지*
> *보자 거기에서 내가 내 유방(사랑)을 네게 주리라*

당신은 이제 신랑을 초청하여 어디든지 가려 한다. 당신은 매우 활동적으로 변했다. 하나님이 내적으로 쉬시면서 외적으로 일하시는 것처럼, 당신도 그렇다. 과거에 자기 힘으로 하던 모든 것들을 이제는 철저히 그분의 힘으로 행한다.[2]

당신은 이제 자신의 목적이나 업적에 얽매이지 않는다. 모든 것이 하나님을 위한 것이고, 하나님을 통해 이루어진다. 교회 안에서 신랑의 영광을 위해 수많은 일들이 성취되는 것을 보게 된다. 당신은 이러한 일들을 그분의 힘과 섭리로 성취한다.

"하지만 사랑스러운 신부여, 당신이 한 말을 분명히 설명해 보시오. 신랑에게 당신의 유방을 주리라는 말의 의미는 무엇이오? 그분이야말로 다른 사람들에게 풍성한 열매를 맺게 하시는 장본인이 아니십니까?" 하지만 완벽한 자유를 누리면서 더 이상 이기적인 동기로 하나님을 섬기지 않는다면, 당신은 정말로 모든 선한 일들과 헌신을 신랑에게 드리는 셈이다. 당신이 하는 모든 일은 그분을 위한 것이다. 그분이 당신의 시작이며 마침이시다.

*7:13 합환채가 향기를 뿜어내고 우리의 문 앞에는
여러 가지 귀한 열매가 새 것, 묵은 것으로
마련되었구나 내가 내 사랑하는 자 너를 위하여
쌓아 둔 것이로다*

신랑과 신부 사이에는 모든 것이 서로에게 속했다. 자기에게만 속한 것은 없다. 당신의 소유는 또한 그분의 것이다. 당신은 더 이상 자신의 재산이나 유익에는 관심을 두지 않는다. 당신이 하는 모든 것이 주님께 드려지는 풍성한 예물이다. 당신은 그분이 처음부터 당신 안에서 행하신 옛일 뿐만 아니라, 순간순간 당신 안에서 성취하시는 새로운 일들도 그분께 드린다. 당신은 모든 것을 그분께 복종시켰다. 당신의 전 존재는 이제 온전히 왕의 유익을 위한 것이 되었다.

7장
각주

1) 액체를 용기에 부어 보라. 그러면 그것이 용기를 채우면서 그것과 똑같은 모양을 띄는 것을 보게 될 것이다. 액체는 자체의 모양이나 형태는 가지고 있지 않다. 다만 그것을 담는 용기의 모양을 띨 뿐이다. 하지만 우리 혼은 이와 다르다. 우리의 혼은 습관과 성향과 의지로 이미 자체적인 모양과 섬세한 경계를 가지고 있다. 어떤 사람이 이러한 혼적인 태도를 고집할 때, 우리는 그런 사람을 고집스럽고 마음이 굳은 사람이라고 부른다. 하나님은 그들의 몸에서 돌 같은 마음을 제거하시겠다(겔 11:19)고 말씀하셨다. 즉, 그들의 굳은 목을 없애시겠다는 것이다. 나무와 철과 돌의 형태를 바꾸려면 먼저 망치와 불을 통과해야만 한다. 굳은 마음과 하나님의 뜻에 둔감한 마음, 그리고 자신의 의지를 고집하면서 타락한 본성을 따르는 마음도 이런 과정을 통과해야 한다. 반면 유연하고 부드럽고 순종적인 마음은 용해된 혹은 액체화된 마음이라 불린다.

하나님의 사랑 by 살레의 프랜시스

2) 신부가 완전히 수동적으로 남아 있어야 하는데 스스로 무엇을 하려고 선택했다면, 그것이 신부의 심각한 흠이 되었을 것이다. 그렇게 함으로 하나님의 계획을 방해했을 것이기 때문이다. 하나님은

신부가 본능에 기초한 행동을 하지 못하도록 온전히 잠잠하기를 요구하신다. 이제 신부는 지속적으로 수동성을 견지하면서 부드러운 왁스, 혹은 하나님의 손안에서 완벽하게 변형될 수 있는 유동적인 도구가 되었다. 따라서 하나님은 이러한 신부를 통해 하시고자 하는 일들을 온전히 이루신다. 신부는 이제 완벽한 수동성의 단계에 이르게 되었다. 이것은 또한 능동적 수동(active-passive)의 단계라 부를 수 있는데, 신부가 더 이상 스스로 행동하지 않고, 내면에 계신 성령님의 부드럽고 사랑스러운 영향을 받기 때문이다.

이신칭의

Song of Songs

Chapter 8

*8:1 네가 내 어머니의 젖을 먹은 오라비 같았더라면
  내가 밖에서 너를 만날 때에 입을 맞추어도
  나를 업신여길 자가 없었을 것이라*

　당신에게는 여전히 신랑을 더 깊이 알고 싶은 소망이 있다. 비록 사랑하는 분과의 영원하고도 지속적인 관계를 즐기고 있지만, 당신은 여러 가지 집안일들로 분주한 삶을 살고 있다. 하지만 신랑과 신부가 서로를 더 온전히 이해하고 안아 주고 싶을 때가 있다. 당신이 지금 소망하는 것이 바로 이런 친밀함이다. 누가 지극히 거룩한 남편을 당신에게 줄 것인가? 당신의 남편은 또한 당신의 오빠이기도 하다. 왜냐하면 당신과 신랑은 같은 아버지를 두고 있기 때문이다. 하나님 안에 그분(남편)과 함께 숨겨진 당신은 모든 것들의 근원이신 아버지께 그분과 함께 그리고 그분을 통해 삶에 필요한 모든 영양분을 공급 받는다.
　하지만 이제 당신은 그분을 내적으로 경험하고 싶은 만큼 외적으로도 경험하고 싶어 진다. 내면은 외면보다 훨씬 일찍 변화된다. 신랑은 잠시 내면의 풍성한 은혜를 가리고 있는 특정한 외적 결함을 불쾌하게 여기지 않으신다. 하지만 이러한 외적 연약함은 여전히 결함이며, 그로 인한 수치심이 따라오기 마련이다. 이제 당신은 외적 모습을 변화시켜 달라고 신랑에게 부르짖는다. 이것은 당신의 허영심을 위한 것이 아니라, 하나님의 영광을 위한 부르짖음이다.

*8:2 내가 너를 이끌어 내 어머니 집에 들이고
네게서 교훈을 받았으리라 나는 향기로운 술 곧
석류즙으로 네게 마시게 하겠고*

당신의 영은 하나님과의 교제를 즐기는 동안 두 가지를 경험하게 된다. 먼저, 하나님 안에서 마치 빈 그릇이 바다에 던져져 물로 가득 채워지고 온통 물에 둘러싸이는 것 같은 경험을 한다. 당신은 그분을 붙들고, 동시에 그분에게 붙들린다. 그러면 당신은 어디에서 그분을 붙드는가? 당신이 갈 수 있는 유일한 곳, 곧 당신이 태어난 곳(어머니의 집)인 아버지의 품속이다.

당신이 경험하는 또 다른 것은 그분의 교훈이다. 그분은 오직 신부에게만 이야기하는 특별한 것들을 당신에게 가르치신다. 그분은 당신이 알아야 할 모든 것들을 말씀해 주시고, 아버지의 다함이 없는 사랑을 계시하신다. 이 모든 것을 가르침 받을 때에는 팡파르 같은 것을 기대할 수 없다. 이것은 말로 표현할 수 없지만, 호소력이 있는 하나님의 침묵 속에서 속삭여진다. 말씀 자체이신 신랑은 당신의 영에 끊임없이 말씀하시며, 최고의 인간 교사들을 능가하는 방식으로 가르치신다.

하지만 그분이 계속해서 가르치실 때에, 당신은 그분께 당신의 "향기로운 술"을 더욱 깊이 마시게 해 드린다. 이것이 그분 앞에 영원히 드리는 당신의 선물이다. 당신과 신랑 사이에는 사랑이라는 개울이

양방향으로 끊임없이 흐르고 있다. 당신은 하나님과의 교통에 참여하는데, 당신이 받는 모든 것을 그분께 돌려 드리기 때문이다.

8:3 너는 왼팔로는 내 머리를 고이고 오른손으로는
나를 안았으리라

하나님은 두 팔로 당신을 안고 품어 주신다. 한 손은 전능한 보호를, 다른 손은 그분의 완벽한 사랑을 나타낸다. 이 거룩한 포옹은 단순히 당신이 하나님과 누리는 즐거움이자 연합이다. 당신이 그분께 손으로 안아 달라고 말할 때에, 아직 일어나지 않은 어떤 것에 관하여 말하는 것이 아니다. 당신은 이것을 이미 경험했다. 하지만 당신은 영원을 고대하면서 그러한 경험이 영원 속에서 어떠한 모습일지 알고 싶은 것이다.

8:4 예루살렘 여자(딸)들아 내가 너희에게 부탁한다
　　　내 사랑하는 자가 원하기 전에는 흔들지 말며 깨우지
　　　말지니라

여기서 신랑은 신부가 잠에서 깨지 않게 해 달라고 세 번째로 요청하고 계신다. 내면적 잠의 종류는 참으로 다양하다. 어떤 잠은 세상과 뒤얽혀 있는 상태에서 당신을 탈출시켜 주고, 또 어떤 잠은 신랑의 품속에서 죽어 있는 죽음의 잠일 수 있다. 당신은 영적 부활의 시기가 될 때까지는 깨면 안 된다. 또 하나님 안에서 안식을 누리는 잠이 있는데, 여기에는 영원히 지속되는 안식이 있다. 이것은 고요하고 달콤하고 지속적인 안식이다. 이 안식은 결코 방해를 받지 않는다.

이제 신랑은 완벽한 자기 충족과 다른 사람들에 대한 경멸이 신랑과 멀어지게 할 수 있다는 것을 가르치고 싶어 하신다. 다음 절에서는 당신을 무엇으로부터 구원하셨는지 보여 주신다. 그것은 바로 썩어질 옛 성품이다. 신랑이 이렇게 하시는 이유는 당신이 겸손을 잃지 않게 하시기 위함이다.

*8:5 그의 사랑하는 자의 팔을 의지하면서 충만한
기쁨으로 거친 들에서 올라오는 여자가 누구인가?
내가 너를 사과나무 아래에서 끌어내었다. 거기에서
네 어머니는 타락했고(고생했고) 너는 거기에서 잉태되었다*

당신은 거친 들을 떠나 조금씩 올라왔다. 거친 들은 순수한 믿음을 위한 광야이자 자기(self)를 위한 광야이다. 당신은 기쁨으로 충만하다. 당신이 샘물로 가득 채워진 주전자 같기 때문이다. 당신은 더이상 자수성가를 꿈꾸지 않으며, 이렇게 풍성한 기쁨을 더 이상 두려워하지 않는다. 사랑하는 분을 의지하여 걷고 있기 때문에, 넘어지는 것을 두려워하지 않는다. 오직 사랑하는 분을 의지하기 위하여 모든 외적 버팀목들을 잃는 것이 얼마나 큰 유익인 줄 아는가!

"내가 너를 사과나무 아래에서 끌어내었다." 하나님은 당신을 죽음의 잠에서 깨우시고 양육하여 새로운 삶으로 이끄신다. 그분은 태어나면서부터 당신이 지니고 있는 타락한 본성에서 당신을 구원하신다. 하나님은 두 가지를 성취하려 하신다. 먼저 당신을 타락한 성품에서 구출하신 뒤, 그분과의 관계를 온전히 회복하게 하시는 것이다. 타락하기 전 하와는 온전히 하나님께 속해 있었다. 하지만 타락한 후에는 사탄과 그의 계획을 따르기 위해 하나님으로부터 물러났다. 우리 모두는 그 결과의 영향을 받고 있다.

당신은 아버지가 누구인지 알지 못하는 사생아처럼 이 세상에 태어났다. 하지만 하나님이 오셔서 당신을 옛 삶에서 끌어내신다. 그분은 당신을 씻기시고 순전함을 돌려주신다. 죄 가운데 살던 사과나무 아래에서 당신을 이끌어내신 분은 바로 하나님이다.

8:6 너는 나를 도장같이 마음에 품고 도장같이 팔에 두라 사랑은 죽음같이 강하고 질투는 스올같이 잔인하며 불길같이 일어나니 그 기세가 여호와의 불과 같으니라

신랑은 당신이 그분을 도장같이 마음에 품기를 소망하신다. 그분은 당신의 생명의 근원이시다. 당신을 축복된 터전에서 떠나지 못하게 하신 분이 바로 그분이다. 당신은 그리스도로 인쳐진 샘이다.

모든 것을 그분께 향하게 하라. 그분의 지시 없이는 아무 일도 하지 마라. 당신은 오직 신랑을 위해 울타리를 친 정원이다. 그분이 닫으시면 아무도 열 수 없고, 여시면 아무도 닫을 수 없다. 사랑은 죽음같이 강하기 때문이다. 그분은 기뻐하시는 일을 당신에게 행하실 것이다. 그분이 당신을 죽게 하여 그분만 의지하고 살게 하실 것이다. "질투는 스올같이 잔인하다." 그래서 그분이 당신을 그렇게 온전히 봉하시는 것이다.

8:7 많은 물도 이 사랑을 끄지 못하겠고 홍수라도
　　　삼키지 못하나니 사람이 그의 온 가산을 다 주고
　　　사랑과 바꾸려 할지라도 오히려 멸시를 받으리라

　시련과 좌절과 불확실함과 가난과 걱정 등의 많은 물로도 하나님을 향한 당신의 사랑을 끌 수 없다. 그러니 하나님을 온전히 신뢰하는 것이 그분을 향한 당신의 사랑을 약하게 할 것이라고 생각하지 마라.
　모든 것을 하나님께 드릴 만큼 용감하다면, 그렇게 가치 있는 걸음을 내디딘 후, 어떤 식으로든 그것을 후회할 것이라고 생각하지 마라. 하나님께 모든 것을 드림으로 그분이 주시는 자유를 알게 되면, 그런 생각을 하는 것 자체가 불가능할 것이다. 하나님은 그분을 깊이 체험한 후에 그분을 떠나는 것이 얼마나 어려운지 보여 주실 것이다.

*8:8 우리에게 있는 작은 누이는 아직도 유방이 없구나
그가 청혼을 받는 날에는 우리가 그를 위하여
무엇을 할까*

신랑과 모든 것을 공유하는 것이 얼마나 영광스러운가! 당신은 다른 사람들과의 문제는 물론, 가정 문제도 그분과 의논한다. "아직도 여리고 정순하기는 하지만, 당신(신랑)과의 깊은 교제를 위해 준비되지 않은 어린 누이를 우리가 어찌하면 좋겠습니까? 그녀는 아직 하나님의 깊은 것에 준비되지 않았고, 또한 다른 사람들을 도울 준비도 되어 있지 않습니다." 이것이 신부가 다른 사람들을 위해 신랑과 상의하는 방법이다.

*8:9 그가 성벽이라면 우리는 은 망대를 그 위에
세울 것이요 그가 문이라면 우리는 백향목 판자로
두르리라*

주님은 다음과 같이 응답하신다. "그녀가 의지를 나에게 복종시키고 온전히 나를 신뢰하게 되면, 그때 우리는 그러한 토대 위에 세워 나가기 시작할 것이고, 은 망대를 세울 것이다. 이것이 그녀의 내면의 여정을 좌절시켜 그만두게 하려는 (특히 인간의 이성과 자기 사랑이라는 미묘한 형태로) 사람들에게서 그녀를 보호해 줄 것이다. 하지만 그녀가 그리스도 안에서의 삶을 배우기 시작했고 그 문을 막 통과했다면, 우리는 그녀를 은혜로 세워 나갈 것이다. 우리는 그녀를 은혜로 두르고, 백향목의 아름다움과 힘 같은 것으로 두를 것이다."

8:10 나는 성벽이요 내 유방은 망대 같으니
그러므로 나는 그가 보기에 화평을 얻은 자 같구나

당신은 사랑하는 분의 멋진 계획을 들었고, 그분의 계획이 당신 안에서 얼마나 성공적으로 성취되었는지 알고 있다. 당신은 이미 강력한 성벽이 되었다. 즉, 다른 사람들을 위한 피난처가 되었다. 당신은 결코 헛된 일을 하지 않고 있음을 알고 있다. 왜냐하면 그분이 이미 당신 위에 엄청난 은총을 부어 주셨기 때문이다.

8:11 솔로몬이 바알하몬에 포도원이 있어 지키는
자들에게 맡겨 두고 그들로 각기 그 열매로
말미암아 은 천을 바치게 하였구나

하나님은 모든 의심들을 잠재우는 것을 기뻐하신다. 어떤 사람들은 당신이 더 이상 당신 자신을 소유하고 있지도 않고 뛰어난 일을 수행하지도 않기 때문에, 하나님 나라의 중요한 인물이 아니라고 생각할지도 모른다. 하나님은 평화의 하나님이시다. 그분은 포도원을 가지고 계시는데, 신부에게 그 포도원을 돌보게 하셨다. 동시에 모든 신부가 바로 그 포도원이다. 하나님은 그의 신부를 매우 풍성하게 하셨고, 그의 천사들을 보내어 돌보게 하셨다. 이들이 포도원을 지키는 자들이다. 이 포도원은 하나님과 그분의 신부에게 유익한 포도원이다. 그분은 신부에게 그 열매들을 먹을 수 있는 특권을 주시고, 신부는 자신의 이러한 위치를 결코 잃지 않을 것이다.

*8:12 솔로몬 너는 천을 얻겠고 열매를 지키는 자도
이백을 얻으려니와 내게 속한 내 포도원은
내 앞에 있구나*

당신은 포도원 돌보는 일을 게을리하지 않고, 잘 돌보기 위해 최선을 다한다. 하나님 안에서 행한 모든 일들에는 자유와 평화가 스며 있다. 당신은 포도원을 돌보고 경작하지만, 이 모든 일들은 신랑을 위한 것이다. 온전한 사랑은 자기 유익에 관련된 것을 알지 못한다.

8:13 너 동산에 거주하는 자야 친구들이 네 소리에 귀를 기울이니 내가 듣게 하려무나

신랑은 자기 대신 이야기하고, 자기에 대해 다른 사람들에게 가르치라고 당신을 초대하신다. 그분은 동료들이 당신을 부르고 있으니 그분의 아름다운 정원을 떠나라고 요구하신다. 당신에게 새로운 것을 요구하시는데, 당신이 거주해 온 깊은 고요함을 떠나라는 것이다. 당신은 믿음의 여정과 경험 가운데 깊이 침묵하며 하나님이 당신을 단순하게 만들어 그분과 온전히 연합시키시도록 했다. 당신은 영의 침묵 속에 깊이 거하고 있지만, 하나님은 이제 당신이 밖으로 나가기를 원하신다. 영의 침묵이 밖으로 나가는 것에 방해가 되지 않기를 바라신다.

하나님은 영의 침묵과 육체의 활동 사이에 조화가 이루어지기를 원하신다. 영과 혼과 육은 하나님을 찬양하는 가운데 온전히 연합되어야 한다. 마음이 동의하지 않는 한 입술의 찬양은 온전한 것이 될 수 없다. 또한 찬양이 영 안에서 흘러나오지 않으면 그 무엇도 온전할 수 없다. 이 세 가지 요소가 온전하게 조화를 이룰 때, 사랑하는 분에 대한 온전한 예배가 일어날 수 있다.

하지만 그렇게 깊고 멋진 하나님의 침묵 속에 거하는 일에 익숙해져 있다면, 당신은 그것을 지키기 위해 노력할 것이다. 어느 정도는 그런 침묵이 방해받을까 두려워할 수도 있다. 하지만 주님이 오셔서 그러한 침묵의 안락한 영역에서 나오라고 부르심으로 당신의 그러한 성향을 제거하려 하실 것이다. 그분은 "내게 네 목소리를 들려다오! 이제 더 외향적으로 나를 찬양하는 법을 배울 때이다. 너는 이미 칭찬할 만한 침묵 속에서 그렇게 해 왔다"라고 말씀하신다. 하나님은 이제 말로 표현하지 않는 내적 찬양 외에도, 당신이 그분과 대화할 때를 위해 언어의 능력을 주고 싶어 하신다.

하나님은 또한 다른 사람들에게 내적인 것들에 대해 이야기하라고 당신을 초청하신다. 그분은 자신이 기뻐하시는 것에 대해 당신에게 가르치고 싶어 하신다. 신부의 첫 의무들 중 하나는 다른 사람들이 그분을 완벽하게 사랑하도록 가르치는 것이다. 이것이 신랑이 신부에게 바라시는 것이다. 즉, 침묵 속에서 그리고 목소리로 그분과 대화하는 것이다.

8:14 내 사랑하는 자야 너는 빨리 달리라 향기로운
　　　산 위에 있는 노루와도 같고 어린 사슴과도 같아라

　　자기 유익에 관한 모든 것을 포기하면서 당신은 그분이 기뻐하시지 않는 것은 보여 드리지 않으려고 그분께 돌아서 달라고 간청한다.[1] 우리는 어떤 달콤한 향기도 드리지 못하는 곳에서 그분이 떠나시기를 바란다. 그분이 향기로운 산 같은 사람들에게 오시기를 원한다. 이런 자들은 그분에게 사랑스러운 향기를 받은 사람들이다.

　　이런 수준에 이르면, 당신은 오직 사랑하는 분의 유익만을 추구할 것이다.[2] 영원히 주님을 위하여 일하며 비난과 핍박을 견뎌낼 것이다. 자신의 성공을 위한 생각은 온데간데없이 사라질 것이고, 하나님이 수치와 모욕을 당하는 것을 참을 수 없게 될 것이다.

　　그렇다고 당신이 항상 하나님의 달콤한 임재를 즐기고 싶어 할 것이라는 뜻은 아니다. 결코 그렇지 않다! 당신은 그분이 원하시는 때에 오고 가시게 할 것이다. 더 이상 의식적으로 그분의 임재를 즐기는 특별한 시기들을 기대하지 않는다. 여기에 당신이 영 안에 거하고 있다는 증거가 있다. 당신은 사랑하는 분의 멋진 계획을 지속적으로 즐기고 있다. 그분이 원하시는 곳에 가시고, 다른 사람들을 방문하시고, 또한 그들을 구원하시기를 원한다.[3]

　　그분이 그분께 나아온 향기로운 자들을 즐기시게 하라! 그분이 당신에게 하시는 일은 전적으로 그분의 지혜에 달려 있다. 당신은 죽음과 생명을 동등하게 받아들일 수 있다. 당신의 사랑이 이전과 비교할 수 없을 만큼 강해졌기 때문이다. 이것이 바로 주님의 사역의 열매이다.

**8장
각주**

1) 나는 이제 오직 하나님 안에 행복이 있는 사람들은 더 이상 자기 행복을 추구하지 않는다는 것을 쉽게 이해할 것 같다. 사랑으로 하나님 안에 거하는 자가 아니면 누구도 자기의 모든 행복을 하나님께 걸 수 없을 것이다. 그리고 이런 수준에 이른 그리스도인들은 하나님 안에서 그리고 하나님을 위하여 하나님의 기쁨 외에는 다른 어떤 기쁨도 추구하지 않을 것이다. 따라서 자기의 목적 달성이나 하늘의 영광은 만족의 근원도, 소망의 대상도 되지 못한다. 소망은 사랑의 자녀와 같다. 내 사랑이 나와는 상관없이 오직 하나님 안에 있고 그분만을 위한 것이라면, 소망도 오직 그분 안에 있을 것이고, 이기적인 동기가 존재하지 않을 것이다. 하나님 안에서의 이러한 소망은 더 이상 이전에 가졌던 사랑의 소망 같은 활발함을 띠지 못하는데, 소망하는 것이 아직 존재하지 않기 때문이다. 하지만 그 소망 안에는 고요함과 완전히 채워진 소망으로 인한 평화가 있을 것이다. 온전하시고 영원히 찬양 받으시는 하나님 때문에, 그리고 하나님의 이러한 온전함과 찬양 가운데 거하는 성도의 행복 때문에, 그 사람의 소망에는 채워지지 않는 결핍의 불안이 없다. 다만 채워지지 않는 소망이라고는 전혀 없는 사람의 평안만이 존재할 뿐이다. 이것이 믿는 자의 삶의 토대이며, 여전히 자기 관

점으로 하나님을 사랑하는 자들이 선한 소망을 자기 안에서 느끼지 못하는 이유이다. 이런 사람은 하나님에 대한 애정을 드러내지만, 속으로는 자기를 사랑하고 자기를 추구한다. 이들에게는 소망이 없다. 하지만 하나님이 그런 성향이나 소망을 믿는 자의 마음속에 심으실 수 없다고 가정해서는 안 된다. 하나님은 때로 믿는 자에게 자기 장막의 무게를 느끼게 하심으로 다음과 같이 외치게 하신다. "내가 그 둘 사이에 끼었으니 차라리 세상을 떠나서 그리스도와 함께 있는 것이 훨씬 더 좋은 일이라 그렇게 하고 싶으나"(빌 1:23). 하지만 또 다른 시기에는 형제를 향한 강한 사랑 때문에 그리고 모든 이기적인 생각에서 벗어나 절대적 자유를 누리게 되어 다음과 같이 외치기도 한다. "나의 형제 곧 골육의 친척을 위하여 내 자신이 저주를 받아 그리스도에게서 끊어질지라도 원하는 바로라"(롬 9:3). 이렇게 분명 역설적으로 보이는 감정들이 영의 깊은 곳에서 완벽하게 조화를 이룬다. 완전히 자기를 내어 드린 그리스도인에게는 이제 이전에 가졌던 이기적인 욕망들이 없다. 하지만 자기와 상관없이 하나님이 그런 욕망들을 자극하고 일으키시는 경우도 있다. 하나님은 성도의 마음을 그분께 향하게 하신 후에 움직이지 않도록 붙드신다. 그분은 혼의 도움 없이 다른 모든 행동들뿐 아니라 이러한 욕망까지도 일으키신다. 자아(self)와 관련된 욕망은 아직 의지가 자아에서 정화되지 않았기에 당연한 것이다. 하지만 그리스도인의 의지가 하나님의 뜻과 하나되게 하여 자기 본성(self-nature)의 의지를 모두 제거하는 것이 하나님의 계획이기에, 그분은 자아(self)에서 파생된 모든 동기들도 제거하실 것이다. 하나님이 기뻐하시는 뜻대로 욕망들을 제거하고 심으시는 또 다른 이유가 있다. 믿는 자에게 어떤 축복을 주실 때, 하나님은 먼저 주고 싶으신 특정 축복에 대한 소망을 그의 마음속에 주입하신다. 그렇게 함으로 믿는 자에게서 그런 요구를 들으시고, 거기에 응답하시는 것이다. "여호와여 주는 겸손한 자의 소원을 들으셨사오니 그들의 마음을 준비하시며 귀를 기울여 들으시고"(시 10:17). 하나님은 믿는 자의 마음을 준비시키시고, 그의 요구에 응답하신다. "또 여호와를 기뻐하라 그가 네 마음의 소원을 네게 이루어 주시리로다"(시 37:4). 성령께서 성도 안에서 그리고 성도를 위해 중보하시기 때문에, 성도의 소망과 요구는 사실 성령님의 소망과 요구이며(롬 8:26), 성도 안에 거하시는 예수 그리스도는 "항상 내 말을 들으시는 줄을 내가 알았나이다(요 11:42)"라고 선포하신다. 또 어떤 경우에는 믿는 자에게 특정한 것들을 위해 기도할 마음을 일으키신다. 따라서 믿는 자는 그 기도가 자신의 의지가 아닌 하나님의 의지에서 나왔다는 것을 온전히 인식하게 된다. 왜냐하면 믿는 자는 기뻐하는 분을 위해 그분의 뜻대로 기도할 준비가 되어 있지 않아도, 하나님이 기도하는 모든 것을 항상 들으시고 응답해 주신다는 것을 알고 있기 때문이다. 이것 때문에 자기 만족이나 자기 도취가 일어나지는 않는다. 믿는 자는 자기를 소유하고 계신 분이 하나님임을 온전히 인식하고 있으며, 또한 하나님이 자신을 통해 그분의 뜻을 구하고, 그런 요청에 응답하고 계신다는 것도 안다. 이 모든 것이 내 머릿속에서 매우 선명해졌기 때문에, 이러한 과정을 말로 표현할 수 있는 것이다.

이신칭의

2) 일어나는 모든 사건에 대해 하나님을 찬양하고 그분께 감사하는 것은 사실 거룩의 단계가 깊어졌음을 나타낸다. 하지만 우리가 우리 안에서, 우리에 의해, 그리고 우리를 통해 하나님이 기뻐하시는 것만 뜻하고 행하게 된다면(일어나고 있는 일들을 분명히 지각하고 있음에도 그것에 대해 조금도 염려하지 않고), 동시에 우리의 마음을 바로 잡고 온 관심을 하나님의 선하심과 자비하심에 고정시킬 수 있다면(그분이 행하시는 일들 때문이 아니라, 그분 자신과 그분의 위대함에 대해 감사함으로 그분을 경배하면서), 우리에게 훨씬 높고 복된 일들이 맡겨질 것이다. 어느 훌륭한 의사의 딸이 열병으로 누워 있었다. 그녀는 아버지의 깊은 사랑을 알고 있었기 때문에, 친구들에게 다음과 같이 말했다. "나는 심하게 앓고 있는데, 전혀 치유될 것 같지 않아. 이와 같은 질병이 치유되었다는 소리를 들어본 적이 없거든. 내가 소망하는 것과 요청이 다를지도 모르겠어. 모든 치유의 문제는 나를 아시고 회복시키기 위해 필요한 모든 조치를 하실 아버지께 맡기는 편이 낫지 않을까? 내가 이것에 대해 생각하는 건 옳지 않아. 왜냐하면 아버지께서 나를 생각하실 것이기 때문이지. 내가 무엇이라도 소망하는 것은 옳지 않아. 아버지께서는 나에게 유익한 모든 것을 살피실 것이야. 나는 기다리면서 그분이 최

선이라 여기는 것을 행하시게 할 거야. 내가 해야 할 것은 오직 그분을 바라보며 나의 진정한 사랑을 보이고, 그분에 대한 나의 명백한 사랑을 드러내는 거야." 아버지는 그녀에게 회복을 위해 피 흘림을 원하지 않았느냐고 물었다. 그녀는 다음과 같이 응답했다. "저는 아버지의 것입니다. 그리고 저는 회복을 위해 무엇을 소망해야 할지도 모릅니다. 아버지의 선하시고 기뻐하시는 뜻대로, 나에 대해 계획하신 그대로 행해 주세요. 나는 단지 온 마음으로 당신을 사랑하고 당신께 영광을 돌리는 것으로 족합니다." 이제 그녀의 팔에 반창고가 붙어 있는 것을 보라. 아버지가 혈관을 잘라 피가 흐르고 있는데도, 그녀는 결코 아버지의 얼굴에서 눈을 돌려 피 흘리는 팔을 보지 않는다. 그녀의 눈은 애정이 담긴 채 아버지에게 고정되어 있고, 이따금씩 "내 아버지가 나를 사랑하며, 나는 온전히 그분의 것입니다"라고 하는 것 외에는 한마디도 하지 않는다. 수술의 모든 과정이 끝났을 때에, 그녀는 감사하다고 말하는 것이 아니라, 아버지에 대한 자신의 애착과 온전한 확신에서 똑같은 표현만 반복할 뿐이다.

하나님의 사랑 by 살레의 프렌시스

3) 어떤 물체가 깨끗해지고 단순해질수록, 그것의 유용성은 그만큼 커지게 된다. 어떤 것도 물보다 깨끗하거나 단순해질 수 없다. 또한 유동성이 있는 물의 유용성이 얼마나 광대한가! 물은 온갖 영향을 쉽게 받을 준비가 되어 있다. 그 자체로는 맛이 없지만, 독특

한 풍미(flavor)에 있어서는 무한히 다양해질 수 있다. 색깔은 없지만 모든 종류의 색깔을 쉽게 받아들일 수 있다. 단순하고 깨끗한 성도의 영과 의지도 마찬가지이다. 이런 성도는 자기의 의지에서 나온 맛도 색깔도 없기 때문에, 나타내는 모든 것의 주체가 하나님이시다. 이것은 물의 맛이나 색깔이 그것을 준비한 자의 의지에 따라 달라지는 것과 같은 이치이다. 하지만 물이 어떤 맛을 내든지 어떤 색깔을 띄든지, 본질적으로 그런 특성들이 있다고 말하는 것은 옳지 않다. 물이 다양한 맛과 색깔을 낼 수 있는 것은 맛과 색깔에 대해 자유로운 특성을 가지고 있기 때문이다. 나는 내면 깊은 곳의 상태도 이와 같다고 생각한다. 나의 내면은 더 이상 그 안에 있는 것을 구별하거나 이해할 수 없다. 그래서 나의 내면은 깨끗하다. 하지만 그런 내면은 그 위에 주어지는 모든 것을 받아들인다. 물론 그것들의 어떤 부분도 나의 내면의 것처럼 간직하지는 않는다. 당신이 물에게 고유한 특성이 무엇이냐고 묻는다면, 물은 자기의 특성은 어떤 것도 소유하지 않는 것이라고 응답할 것이다. 하지만 당신은 "나는 네가 빨간색을 띄는 것을 본 적이 있어"라고 응답할지도 모른다. 그러면 물은 "하지만 나는 빨간색이 아니야. 나는 본래부터 빨간색이 아니고, 또한 나에게 맛이나 색깔을 주입했다고 해서 나의 본질이 변한 것은 아니지"라고 대답할 것이다. 색깔뿐만 아니라 모양도 마찬가지이다. 액체인 물은 유연하기 때문에, 그것이 부어지는 용기의 모양을 즉시 띄게 된다. 물이 고유의 일관성과 특성을 가지고 있다면, 모든 형태를 띨 수도, 모든 맛을 받아 그러한 풍미를 낼 수도, 모든 색깔을 띨 수도 없을 것이다.

이신칭의 by 잔느 귀용

순전한 나드 도서목록

번호	도서명	저자	가격
1	존 비비어의 승리〈개정판〉	존 비비어	12,000
2	교회를 뒤흔드는 악령을 대적하라	프랜시스 프랜지팬	5,000
3	교회를 어지럽히는 험담의 악령을 추방하라	프랜시스 프랜지팬	5,000
4	그리스도인의 삶의 비결〈개정판〉	진 에드워드	9,000
5	존 비비어의 친밀감〈개정판〉	존 비비어	14,000
6	내 백성을 자유케 하라	허 철	10,000
7	내게 신선한 기름을 부으셨나이다	허 철	9,000
8	내어드림〈개정판〉	페늘롱	7,000
9	더 넓게 더 깊게	메릴린 앤드레스	13,000
10	마켓플레이스 크리스천〈개정판〉	로버트 프레이저	9,000
11	존 비비어의 축복의 통로〈개정판〉	존 비비어	8,000
12	부서트리고 무너트리는 기름 부으심	바바라 J. 요더	8,000
13	사도적 사역	릭 조이너	12,000
14	사사기	잔느 귀용	7,000
15	상한 마음을 치유하는 기도	마크 & 패티 버클러	15,000
16	상한 영의 치유1	존 & 폴라 샌드포드	17,000
17	상한 영의 치유2	존 & 폴라 샌드포드	13,000
18	성령님을 아는 놀라운 지식	허 철	10,000
19	속사람의 변화 1	존 & 폴라 샌드포드	11,000
20	속사람의 변화 2	존 & 폴라 샌드포드	13,000
21	신부의 중보기도	게리 윈스	11,000
22	아가서	잔느 귀용	11,000
23	악의 속박으로부터의 자유	릭 조이너	9,000
24	어머니의 소명	리사 하텔	12,000
25	여정의 시작	릭 조이너	13,000
26	영광스러운 교회에 보내는 메시지 1	릭 조이너	10,000
27	영분별〈개정판〉	프랜시스 프랜지팬	4,000
28	영적 전투의 세 영역〈개정판〉	프랜시스 프랜지팬	11,000
29	예레미야	잔느 귀용	6,000
30	예수 그리스도와의 친밀함	잔느 귀용	7,000
31	예수님을 닮은 삶의 능력〈개정판〉	프랜시스 프랜지팬	12,000
32	예수님을 향한 열정〈개정판〉	마이크 비클	12,000
33	잔느 귀용의 요한계시록〈개정판〉	잔느 귀용	13,000
34	인간의 7가지 갈망하는 마음	마이크 비클 & 데보라 히버트	11,000
35	저주에서 축복으로	데릭 프린스	6,000
36	주님, 내 마음을 열어주소서	캐티 오츠 & 로버트 폴 램	9,000
37	지구상에서 가장 강력한 기도	피터 호로빈	7,500
38	축사사역과 내적치유의 이해 가이드	존 & 마크 샌드포드	20,000
39	출애굽기	잔느 귀용	10,000
40	하나님과 동행하는 사람들〈개정판〉	샨 볼츠	9,000

번호	도서명	저자	가격
41	하나님과 사람에게 더욱 사랑스러운 자	듀안 벤더 클럭	10,000
42	하나님과의 연합	잔느 귀용	7,000
43	하나님을 연인으로 사랑하는 즐거움	마이크 비클	13,000
44	하나님 마음에 합한 사람	마이크 비클	13,000
45	하나님의 아름다움을 바라보는 축복	허 철	10,000
46	하나님의 요새〈개정판〉	프랜시스 프랜지팬	9,000
47	하나님의 장군의 일기〈개정판〉	잔 G. 레이크	6,000
48	항상 배가하는 믿음〈개정판〉	스미스 위글스워스	13,000
49	항상 부족함이 없으리로다	롤랜드 & 하이디 베이커	8,000
50	혼동으로부터의 자유	릭 조이너	5,000
51	혼의 묶임을 파쇄하라	빌 & 수 뱅크스	10,000
52	존 비비어의 회개〈개정판〉	존 비비어	11,000
53	횃불과 검	릭 조이너	8,000
54	금식이 주는 축복	마이크 비클 & 다나 캔들러	12,000
55	부활	벤 R. 피터스	8,000
56	거절의 상처를 치유하시는 하나님	데릭 프린스	6,000
57	존 비비어의 분별력〈개정판〉	존 비비어	13,000
58	통제 불능의 상황에서도 난 즐겁기만 하다	리사 비비어	12,000
59	어린이와 십대를 위한 축사사역	빌 뱅크스	11,000
60	빛은 어둠 속에 있다	패트리샤 킹	10,000
61	목적으로 나아가는 길	드보라 조이너 존슨	8,000
62	컴 투 파파	게리 윈스	13,000
63	러쉬 아워	슈프레자 싯홀	9,000
64	지도자의 넘어짐과 회복	웨이드 굿데일	12,000
65	하나님의 일곱 영	키이스 밀러	13,000
66	너희 지체를 의의 병기로 하나님께 드리라	허 철	8,000
67	세계를 변화시키는 능력	릭 조이너	12,000
68	추수의 비전	릭 조이너	8,000
69	하나님의 집	프랜시스 프랜지팬	11,000
70	왕의 자녀의 초자연적인 삶	빌 존슨 & 크리스 밸러턴	13,000
71	믿음으로 산 증인들	허 철	12,000
72	욥기	잔느 귀용	13,000
73	나라를 변화시킨 비전: 윌리엄 테넌트의 영적인 유산	존 한센	8,000
74	세상을 다스리는 권세의 회복	레베카 그린우드	10,000
75	창세기 주석	잔느 귀용	12,000
76	하나님의 강	더치 쉬츠	13,000
77	당신의 운명을 장악하라	알렌 키란	13,000
78	자살	로렌 타운젠드	10,000
79	레위기·민수기·신명기 주석	잔느 귀용	12,000
80	그리스도인의 영적혁명	패트리샤 킹	11,000

순전한 나드 도서목록

번호	도서명	저자	가격
81	초자연적 중보기도	레이첼 힉슨	13,000
82	나는 하나님의 음성을 듣는다	킴 클레멘트	11,000
83	하나님의 초자연적인 능력	바비 코너	11,000
84	거룩과 진리와 하나님의 임재	프랜시스 프랜지팬	9,000
85	사랑하는 하나님	마이크 비클	15,000
86	일곱 교회 이기는 자에게 주시는 축복	허 철	9,000
87	일터에 영광이 회복되다	리차드 플레밍	12,000
88	초자연적 경험의 신비	짐 골 & 줄리아 로렌	13,000
89	웃겨야 살아난다	피터 와그너	8,000
90	폭풍의 전사	마헤쉬 & 보니 차브다	13,000
91	천국 보좌로부터 온 전략(개정판)	샌디 프리드	11,000
92	영향력	윌리엄 L. 포드 3세	11,000
93	속죄	데릭 프린스	13,000
94	신의 성품에 참예하는 자	허 철	8,000
95	예언, 꿈, 그리고 전도	덕 애디슨	13,000
96	아가페, 사랑의 길	밥 멈포드	13,000
97	불타오르는 사랑	스티브 해리슨	12,000
98	그 이상을 갈망하라!	랜디 클락	13,000
99	능력, 성결, 그리고 전도	랜디 클락	13,000
100	종교의 영	토미 펨라이트	11,000
101	예기치 못한 사랑	스티브 J. 힐	10,000
102	모르드개의 통곡	로버트 스텐스	13,500
103	1세기 교회사	릭 조이너	12,000
104	예수님의 얼굴〈개정판〉	데이비드 E. 테일러	13,000
105	토기장이 하나님	마크 핸비	8,000
106	존중의 문화〈개정판〉	대니 실크	13,000
107	제발 좀 성장하라!	데이비드 레이븐힐	11,000
108	정치의 영	파이살 말릭	12,000
109	이기는 자의 기름 부으심	바바라 J. 요더	12,000
110	치유 사역 훈련 지침서	랜디 클락	12,000
111	헤븐	데이비드 E. 테일러	13,000
112	더 크라이	키스 허드슨	11,000
113	천국 여행	리타 베넷	14,000
114	파수 기도의 숨은 능력	마헤쉬 & 보니 차브다	13,000
115	지저스 컬처	배닝 립스처	12,000
116	넘치는 기름 부음	허 철	10,000
117	거룩한 대면	그래함 쿡	23,000
118	믿음을 넘어선 기적	데이브 헤스	10,000
119	영적 전쟁의 일곱 영	제임스 A. 더함	13,000
120	영적 전쟁의 승리	제임스 A. 더함	13,000

번호	도서명	저자	가격
121	기적의 방을 만들라	마헤쉬 & 보니 차브다	12,000
122	개인적 예언자	미키 로빈슨	13,000
123	어둠의 영을 축사하라	짐 골	13,000
124	보좌를 향하여	폴 빌하이머	10,000
125	적그리스도의 영을 정복하라	샌디 프리드	13,000
126	성령님 알기	마헤쉬 & 보니 차브다	12,000
127	십자가의 권능	마헤쉬 & 보니 차브다	13,000
128	성령이 이끄시는 성공	대니 존슨	13,000
129	축복의 능력	케리 커크우드	13,000
130	하나님의 호흡	래리 랜돌프	11,000
131	아름다운 상처	룩 홀터	11,000
132	하나님의 길	덕 애디슨	13,000
133	천국 체험	주디 프랭클린 & 베니 존슨	12,000
134	당신의 사명을 깨우라	M. K. 코미	11,000
135	기독교의 유혹	질 섀넌	25,000
136	우리가 몰랐던 천국의 자녀양육법	대니 실크	12,000
137	임재의 능력	매트 소거	12,000
138	예수의 책	마이클 코울리아노스	13,000
139	신앙의 기초 세우기	래리 크레이더	13,000
140	내 인생을 바꿔 줄 최고의 여행	제이 스튜어트	12,000
141	시간 & 영원	조슈아 밀즈	10,000
142	거룩한 흐름, 분위기	조슈아 밀즈	10,000
143	하이디 베이커의 사랑	하이디 & 롤랜드 베이커	13,000
144	하나님의 임재	빌 존슨	13,000
145	영광의 사역	제프 젠슨	12,000
146	초자연적 기름부음	줄리아 로렌	12,000
147	하나님의 갈망	제임스 A. 더함	14,000
148	형통의 문을 여는 31가지 선포기도	케빈 & 캐티 바스코니	5,000
149	임박한 하나님의 때	R. 로렌 샌드포드	13,000
150	하나님을 향한 울부짖음	바바라 J. 요더	12,000
151	춤추는 하나님의 손	제임스 말로니	37,000
152	참소자를 잠잠케 하라	샌디 프리드	13,000
153	영광이란 무엇인가?	폴 맨워링	14,000
154	내일의 기름부음	R. T. 켄달	13,000
155	영적 전투를 위한 전신갑주	크리스 밸러턴	12,000
156	성령을 소멸치 않는 삶	R. T. 켄달	13,000
157	초자연적인 삶	아담 F. 톰슨	10,000
158	한계를 돌파하라	샌디 프리드	13,000
159	블러드문	마크 빌츠	11,000
160	구약에서 일어난 모든 일들	윌리엄 H. 마티	13,000

순전한 나드 도서목록

번호	도서명	저자	가격
161	신약에서 일어난 모든 일들	윌리엄 H. 마티	11,000
162	드보라 군대	제인 해몬	14,000
163	거룩한 불	R. T. 켄달	13,000
164	기적 안에 걷는 삶	캐더린 로날라	12,000
165	당신의 자녀를 향한 하나님의 65가지 약속	마이크 슈리브	8,000
166	무슬림 소녀, 예수님을 만나다	사마 하비브 & 보디 타이니	13,000
167	스미스 위글스워스의 병 고침〈개정판〉	스미스 위글스워스	12,000
168	뇌의 스위치를 켜라	캐롤라인 리프	13,000
169	약속된 시간	제임스 A. 더함	13,000
170	실패를 딛고 일어서는 믿음	샌디 프리드	12,000
171	스미스 위글스워스의 성령의 은사〈개정판〉	스미스 위글스워스	13,000
172	끝날 때까지 끝난 것이 아니다	R. T. 켄달	15,000
173	완전한 기억	마이클 A. 댄포스	10,000
174	금촛대 중보자들 1	제임스 말로니	15,000
175	질투	R. T. 켄달	14,000
176	사탄의 전략	페리 스톤	14,000
177	죽음에서 생명으로	라인하르트 본케	12,000
178	금촛대 중보자들 2	제임스 말로니	13,000
179	금촛대 중보자들 3	제임스 말로니	13,000
180	올바른 생각의 힘	케리 커크우드	12,000
181	부흥의 거장들	빌 존슨 & 제니퍼 미스코브	25,000
182	악의 삼겹줄을 파쇄하라〈개정판〉	샌디 프리드	12,000
183	지옥의 실체와 하나님의 열쇠	메리 캐서린 백스터	12,000
184	문지기들이여 일어나라	제임스 A. 더함	15,000
185	안식년의 비밀	조나단 칸	15,000
186	교회를 깨우는 한밤의 외침	R. T. 켄달	15,000
187	하나님의 시간표	마크 빌츠	12,000
188	사랑의 통역사	샨 볼츠	12,000
189	예루살렘의 평화를 위해 기도하라	탐 헤스	13,000
190	마이크 비클의 기도	마이크 비클	25,000
191	유대적 관점으로 본 룻기	다이앤 A. 맥닐	13,000
192	폭풍을 향해 노래하라	디모데 D. 존슨	13,000
193	영광의 세대	브루스 D. 알렌	15,000
194	영적 분위기를 바꾸라	다우나 드 실바	12,000
195	하나님을 홀로 두지 말라	행크 쿠네만	14,000
196	하나님이 디자인하신 완전한 나	캐롤라인 리프	20,000
197	대적의 문을 취하라〈개정증보판〉	신디 제이콥스	15,000
198	R. T. 켄달의 임재	R. T. 켄달	13,000
199	영성가의 기도	찰리 샴프	10,000
200	과거로부터의 자유〈개정판〉	존 로렌 & 폴라 샌드포드	14,000

번호	도서명	저자	가격
201	하나님의 불	제임스 A. 더함	15,000
202	일상에 임한 하나님의 영광	브루스 D. 알렌	14,000
203	마지막 시대, 마지막 주자	타드 스미스	13,000
204	주의 선하신 치유 능력	크리스 고어	13,000
205	건강한 생활 핸드북	로라 해리스 스미스	15,000

Song of Songs

by Jeanne Guyon

All new material in this edition
copyrighted by The SeedSowers Publishing House
P.O. Box 3317 Jacksonville FL32206

Korean Translation Copyright ⓒ 2006, 2020(2nd Edition) Pure Nard
2F 16, Eonju-ro 69-gil Gangnam-gu, Seoul, Korea

The Korean edition is published by arrangement with The Seed Sowers.
All rights reserved.

본 저작물의 한국어판 저작권은 The Seed Sowers와의 독점 계약으로 '순전한 나드'가 소유합니다.
저작권자의 허락 없이 이 책의 일부 또는 전체를 무단 복제, 전재, 발췌하면 저작권법에 의해 처벌을 받습니다.

아가서

초판 발행| 2006년 12월 18일
12쇄 발행| 2020년 1월 20일

지 은 이| 잔느 귀용
옮 긴 이| 박선규

펴 낸 이| 허철
총   괄| 허현숙
인 쇄 소| 예원프린팅

펴 낸 곳| 도서출판 순전한 나드
등록번호| 제2010-000128
주   소| 서울특별시 강남구 언주로69길 16, (역삼동) 2층
도서문의| 02) 574-6702
편 집 실| 02) 574-9702
팩   스| 02) 574-9704
홈페이지| www.purenard.co.kr

ISBN 89-91455-58-1 03230